CONFITURAS, MERMELADAS Y JALEAS

CONFITURAS, MERMELADAS Y JALEAS

A pesar de haber puesto el máximo cuidado en la redacción de esta obra, el autor o el editor no pueden en modo alguno responsabilizarse por las informaciones (fórmulas, recetas, técnicas, etc.) vertidas en el texto. Se aconseja, en el caso de problemas específicos —a menudo únicos— de cada lector en particular, que se consulte con una persona cualificada para obtener las informaciones más completas, más exactas y lo más actualizadas posible. EDITORIAL DE VECCHI, S. A. U.

Texto introductorio (pp. 7-22) y recetas de las páginas 83-86, 91, 99, 101, 104, 108, 110, 112, 115, 118, 120, 122-124, 126, 128-131 de Sara Gianotti y Anna Prandoni. Traducción de Gustau Raluy Bruguera.

Diseño gráfico de la cubierta: © YES.

Fotografías de la cubierta: © *Dieterlen/Sucré Salé;* © *Jamie Oliver/Fotolia;* © *Claudio Calcagno/Fotolia;* © *Richard Villalon/Fotolia;* © *Objectif Saveurs/Fotolia.*

© Editorial De Vecchi, S. A. 2018
© [2018] Confidential Concepts International Ltd., Ireland
Subsidiary company of Confidential Concepts Inc, USA
ISBN: 978-1-68325-771-4

El Código Penal vigente dispone: «Será castigado con la pena de prisión de seis meses a dos años o de multa de seis a veinticuatro meses quien, con ánimo de lucro y en perjuicio de tercero, reproduzca, plagie, distribuya o comunique públicamente, en todo o en parte, una obra literaria, artística o científica, o su transformación, interpretación o ejecución artística fijada en cualquier tipo de soporte o comunicada a través de cualquier medio, sin la autorización de los titulares de los correspondientes derechos de propiedad intelectual o de sus cesionarios. La misma pena se impondrá a quien intencionadamente importe, exporte o almacene ejemplares de dichas obras o producciones o ejecuciones sin la referida autorización». (Artículo 270)

ÍNDICE

Introducción	7
Conservas	9
Utensilios y técnicas	11
Normas generales para la elaboración	14
Temporadas	16
Sugerencias para la degustación	17
Mermeladas	21
Confituras	86
Jaleas	130
Vocabulario	154
Índice de recetas	156

Introducción

Las mermeladas, las confituras y las jaleas tienen el encanto de las recetas de la abuela y, una vez preparadas, son una satisfacción para el paladar. La producción industrial de conservas de frutas ha ayudado, sin duda, a difundir su consumo a un precio razonable, aunque son muchos quienes consideran que este beneficio es menor si se tiene en cuenta la pérdida de aquellos sabores entrañables que tenían las preparaciones caseras. Por otra parte, la variedad de frutas empleada en la industria alimentaria es bastante reducida y siempre resulta cuestionable el uso de aditivos, empleados casi siempre más con una finalidad comercial que por necesidad de la preparación en sí.

¿Por qué no prepararlas en casa? Realmente, la elaboración de las conservas de fruta no requiere mucha habilidad y son productos que no se toman sólo para desayunar, sino que acompañan con acierto muchos platos y se convierten en protagonistas de una comida, un aperitivo o un tentempié apetitoso. Si se dedica sólo un poco de tiempo, se logra una producción suficientemente variada que se conservará de manera perfecta en la despensa durante todo el año. Si se dispone de un pequeño huerto, se tendrá ocasión de aprovechar lo que dan los árboles en su mejor momento y, si no, se puede elegir la fruta en el mercado cuando tiene mejor precio. En ambos casos, se estará seguro de que en el resultado final no se incluye otra cosa que fruta, azúcar y, a veces, agua, que es lo único necesario para elaborar unas perfectas conservas de fruta.

Este libro comprende desde las más sencillas mermeladas que se sirven para desayunar hasta las jaleas y las confituras que pueden formar parte de elaborados postres o meriendas. El lector encontrará muchas ideas, clásicas y modernas, con pasos sencillos y accesibles.

Una vez que se dominen las técnicas de elaboración, podrán variarse según los gustos personales, probando qué resultados se obtienen con otras frutas o con nuevas combinaciones de las mismas. Se dispone de un mundo de aromas, sabores y colores que convertirá la experimentación en un auténtico placer y hará que las delicias contenidas en la despensa sean una fuente de inspiración culinaria que se apliquen con fantasía en los distintos momentos del día.

Advertencia:
En las recetas, los botes con los que se miden las cantidades obtenidas son de 500 g. En los tiempos de preparación no se ha tenido en cuenta el tiempo de espera o de reposo, que se indica en la descripción de los pasos. En los tiempos de cocinado no se considera la esterilización.

CONSERVAS

Se entiende por conservas todas las preparaciones que se cocinan y se guardan para consumirlas posteriormente. Se utilizan distintos métodos de conservación, naturales o artificiales. En el caso de las frutas, la forma de preservación que se ha empleado con preferencia ha consistido en su cocinado en azúcar.

El hecho de conservar significa interrumpir parcialmente el deterioro físico natural de los alimentos neutralizando la actividad de las bacterias y otros microorganismos. En el caso que nos ocupa, el azúcar cumple la función de conservante ya que, presente en una concentración suficientemente alta, inhibe el crecimiento de los organismos responsables de la fermentación. Dado que la cantidad de azúcar contenida en la fruta es relativamente baja, resulta imprescindible añadirla durante el proceso de elaboración de la conserva. Debe tenerse en cuenta, sin embargo, que no hay que incorporarla en exceso porque cristaliza, lo que hace que el producto obtenido pierda sus características deseables. También debe evitarse que la cantidad de azúcar sea demasiado baja, ya que se corre el riesgo de favorecer la fermentación y que la conserva se estropee sin remedio.

El proceso de cocinado tiene como finalidad aumentar la concentración de nivel de azúcar procediendo a evaporar parte del agua contenida en la fruta, al tiempo que elimina los microorganismos presentes en la misma. Al finalizar la elaboración, los botes que contienen la preparación se tapan y se sumergen en agua hirviendo durante algunos minutos para esterilizarlos.

El sistema de conservación altera la textura original de la fruta, pero si está bien elaborada debe mantener en su mayor parte el sabor y el gusto de la misma, con lo que siempre se dispondrá de productos sabrosos, incluso fuera de temporada.

TIPOS DE CONSERVAS

MERMELADAS. Las mermeladas se obtienen a partir de frutas previamente troceadas y maceradas en azúcar durante algunas horas. La cantidad de azúcar utilizada suele representar una cifra comprendida entre el 45 % y el 100 % del peso de la fruta limpia. Posteriormente, se cocina de forma prolongada hasta que la fruta se reduce a un puré.

El término inglés *marmalade* se aplica exclusivamente a las conservas de cítricos. No importa que la fruta esté troceada o triturada; lo que cuenta es que contengan limón, naranja, pomelo, cidra... El sabor acidulado hace que combinen bien con dulces, como el chocolate, o con quesos semisecos.

Las mermeladas de todas las frutas permiten degustar durante los meses de invierno los productos de la temporada de verano. Resultan un alimento sabrosísimo untadas sobre el pan o con deliciosas costradas o estupendas tartas afrutadas.

CONFITURAS. Este dulce se prepara a partir de fruta entera o troceada, que representa más del 40 % del producto final. La fruta se cocina en almíbar elaborado con 250 ml de agua por cada kilo de azúcar, aproximadamente, hasta obtener una consistencia espesa.

A diferencia de la mermelada, el tiempo de cocinado es más corto ya que la fruta debe mantener una cierta consistencia.

Las confituras se emplean principalmente en elaboraciones de pastelería, pero también constituyen un excelente ingrediente de meriendas y desayunos.

JALEAS. Las jaleas son conservas fluidas y transparentes, elaboradas con azúcar y zumo concentrado de fruta. Son mucho más delicadas que las mermeladas. Las jaleas más sabrosas se obtienen con la fruta que contiene abundante pectina. Se utilizan principalmente como postre o para la preparación de tartas de hojaldre o glaseadas; la jalea impide que la base de hojaldre se reblandezca con la crema o la mermelada del relleno y hace que el mazapán se adhiera mucho mejor.

Existen otros tipos de conservas de fruta que utilizan azúcar y, aunque no son objeto de este libro, puede ser interesante recordarlas: se trata de la fruta en almíbar, las compotas, los arropes, los *chutneys*, la fruta confitada y escarchada y los dulces de fruta.

Utensilios y técnicas

UTENSILIOS

Para elaborar conservas refinadas y de sabores estimulantes es suficiente con los utensilios más habituales de cocina. Es indispensable una balanza de precisión, preferiblemente digital, que pese hasta 5 kg, un picador, un cuchillo bien afilado y otro de hoja corta y curvada para las verduras y la fruta pequeña. También es útil un pasapurés, mejor si es eléctrico, para hacer más fácil y rápido el trabajo.

Además, se necesitan cacerolas de acero inoxidable de buena calidad, anchas y bajas, en las que quepan todos los ingredientes y que permitan una buena evaporación del agua. Para mezclar los compuestos serán muy útiles cucharones y cucharas, mejor si son de madera y con mangos largos. Finalmente, se precisan muchos recipientes: tarros de diferentes tamaños, botellas, vasos; todos bien limpios y con tapa hermética, condición indispensable para realizar una esterilización y una conservación correctas.

ESTERILIZACIÓN

Es indispensable para una larga duración de los productos en conserva. La esterilización es el único paso realmente delicado en el proceso de elaboración de las mermeladas y las confituras.

Hay bacterias que en condiciones normales están presentes en el organismo y en los alimentos y que se desarrollan en forma de moho, precisamente como consecuencia de la mala conservación de los alimentos.

Afortunadamente, la mayoría de las veces su presencia resulta evidente: los alimentos se enmohecen, se ablandan, cambian de color y emanan un olor rancio. Puede comprobarse que la conserva está en mal estado si en el momento de abrirla se produce una especie de soplido.

Los tarros se esterilizan hirviéndolos en agua, porque la ebullición mata los gérmenes y las bacterias que puedan contener.

Para la esterilización los tarros se cerrarán bien y se colocarán verticalmente en cacerolas sin que sobresalgan y envueltos en toallas o trapos para impedir que se golpeen o se muevan durante la ebullición, con el consiguiente riesgo de rotura. El nivel del agua debe cubrir algunos centímetros la superficie de los tarros. El tiempo de ebullición depende del número de los tarros y de su tamaño.

Una vez terminada la esterilización, se dejan enfriar los recipientes dentro de la cacerola. A continuación, se secan y se guardan en la despensa. Casi siempre es mejor dejar reposar su contenido unas semanas antes de consumirlos.

CANTIDADES

No hay que preparar más conservas de las que prevé que se van a consumir. A pesar de que el hecho de conservar produce satisfacción, es una pena tener que acabar tirando los productos que han dado tanto trabajo en su elaboración porque no se ha tenido la posibilidad de gastarlos.

Tampoco debe permitirse que se enmohezcan en el frigorífico las mermeladas que hemos envasado en recipientes demasiado grandes en relación con las necesidades.

Conviene prestar atención a estos detalles, especialmente en el momento de poner estas exquisiteces en la nevera. Más vale pequeño que grande; paciencia, pues, si hay que abrir dos tarros en lugar de uno solo. Quizás ocuparán más espacio en la despensa, pero así podrá degustarse un producto fresco, sabroso y, sobre todo, higiénico y saludable.

Los recipientes deben ser de buena calidad, herméticos y de cristal, que es el material que permite una mejor conservación y mantiene inalteradas las características y el sabor de las preparaciones.

CONSERVACIÓN DE LOS RECIPIENTES

Una vez preparadas las conservas, tienen que guardarse en un lugar fresco y seco, protegido de la luz y de los cambios bruscos de temperatura. La bodega, si está protegida de la humedad, es el lugar idóneo porque allí se mantienen inalteradas las características de los recipientes. También pueden conservarse en la despensa, en posición vertical, preferiblemente en las estanterías más bajas, donde el aire es más fresco.

Hay que indicar en todos los tarros el producto que contiene, el día, el mes y el año de preparación y el número progresivo de tarros; por ejemplo, 2/12, lo que permite llevar un control del número de mermeladas que quedan en la despensa y saber cuántas se han consumido desde el momento de la producción.

IMPORTANCIA DE LA PECTINA

La pectina es una sustancia neutra, no cristalizable, incolora y soluble en el agua que existe en los frutos maduros como resultado de la transformación de la pectosa. Debido a que se convierte en una solución de textura densa y gelatinosa, cuando se añade en pequeñas cantidades a los ácidos de las frutas, al azúcar y al agua, se usa para hacer jaleas, conservas y mermeladas. Forma la parte interna de la corteza de los frutos maduros, principalmente cítricos, y se encuentra también en la manzana, la grosella, la frambuesa, la mora, el membrillo... Cuando se trabaja con otras frutas, es necesario añadir pectina incorporando antes del cocinado zumo de limón, de manzana o de grosella, según el gusto y el sabor deseados.

Normas generales para la elaboración

Antes de comenzar la preparación de las conservas es fundamental elegir frutas de buena calidad que no presenten golpes y cuyo grado de maduración sea homogéneo y adecuado. Conviene recordar que las frutas poco maduras no son nada sabrosas, pero también que las que lo están en exceso disponen de menos pectina y ofrecerán peores resultados.

Se preferirán frutas que no hayan sido tratadas con productos químicos durante su producción y en cualquier caso se lavarán bien antes de utilizarlas. Para evitar que absorban demasiada agua, las frutas delicadas, como las cerezas, las grosellas, las fresas o similares, deben lavarse antes de eliminarles el pedúnculo. En el caso de las frambuesas, es mejor no lavarlas. En general, el exceso de agua retrasa el cocinado y dificulta la elaboración, por lo que la fruta se utilizará bien escurrida.

Cuando se emplean frutas muy maduras o excesivamente dulces, se acostumbra a añadir un poco de zumo de limón para corregir el excesivo dulzor. Así se favorece también la acción de la pectina presente al hacer que la preparación espese.

En el caso de mermeladas y confituras, las frutas se utilizan enteras o troceadas, y se cocinan en azúcar, si se trata de las primeras, o en almíbar, para obtener las segundas.

Las jaleas se elaboran a partir del zumo extraído por filtración tras el cocinado de la fruta y al que posteriormente se agrega azúcar. Para que la jalea resulte transparente, durante el filtrado no debe removerse ni presionarse la pulpa. Según el tipo de fruta empleado puede ser necesaria la adición de pectina o de zumo de limón para que se produzca la gelificación.

El proceso de cocinado tiene dos objetivos diferentes: por una parte, eliminar bacterias y microbios presentes en la fruta, y por otra, evaporar una parte del agua e incrementar así la concentración de azúcar, que ayudará a la posterior conservación del producto elaborado.

Debe procurarse no prolongar en exceso el cocinado y evitar así la pérdida de aroma de la fruta y que el azúcar llegue a caramelizarse (en caso contrario, el sabor del azúcar tostado predominará en exceso sobre el de la fruta). Por otra parte, el cocinado excesivo provoca la destrucción de la pectina y se logra así un efecto contraproducente.

Conviene vigilar el hervor atentamente, ya que la preparación puede ascender rápidamente, como sucede con la leche, y desbordarse. Durante el cocinado se produce espuma, que, en el caso de las jaleas, debe eliminarse continuamente para preservar la transparencia, pero tratándose de mermeladas y confituras se retirará únicamente al final, para evitar la excesiva pérdida de líquido.

Existen varios métodos para determinar si se ha alcanzado el punto de cocinado adecuado. Los más exactos prevén el uso de un areómetro, para medir la densidad, o de un termómetro de confitero, que debe marcar los 105 °C. A falta de ellos, puede extraerse una cucharadita de la mezcla y dejar caer una gota sobre un plato frío: si se solidifica de forma instantánea, la preparación está lista. También puede dejarse caer la gota de jarabe en un vaso con agua fría: en este caso formará una bolita al entrar en contacto con aquella.

Las mermeladas y las confituras se vierten, una vez preparadas, en botes de cristal limpios y estériles: después de cerrarlos bien, se sumergen en agua hirviendo para esterilizar el producto.

Las jaleas no deben taparse de inmediato, sino esperar unas veinticuatro horas como mínimo, manteniéndolas cubiertas sólo con un paño, para dar tiempo a que se evapore parte del agua y que la capa superior comience a adquirir solidez.

De manera general, mermeladas y confituras pueden conservarse durante un tiempo más prolongado que las jaleas. El nivel de pectina influye también en la conservación; las jaleas que se conservan mejor son las de aquellas frutas que tienen un contenido más alto de pectina, pero sucede lo contrario en el caso de las mermeladas y las confituras.

Temporadas

Para evitarse molestias desagradables y, sobre todo, para preservar la naturaleza y el ciclo de las estaciones, se aconseja utilizar solamente frutas y verduras de temporada. Sólo así se conseguirá que el sabor de la conserva sea exactamente igual al de la fruta elegida y se logrará ahorrar con la compra de productos que están mejor de precio por ser de la estación.

A continuación se indican los productos que se conservan en cada una de las estaciones. No debe olvidarse, por otra parte, que originariamente las conservas servían para poder disponer fuera de temporada de los frutos de la primavera y del verano. ¿Para qué cambiar las costumbres de nuestros abuelos?

PRIMAVERA

Albaricoques, plátanos, cerezas, fresas, limones, arándanos, nísperos, tomates, pomelos y zanahorias.

VERANO

Guindas, brevas, fresas, frambuesas, limones, melones, arándanos, moras, melocotones, tomates, pomelos, grosellas, saúco y uvas.

OTOÑO

Higos, caquis, limones, membrillos, manzanas, granadas, nueces, peras, tomates, pomelos y uvas.

INVIERNO

Naranjas, plátanos, bergamotas, castañas, cidras, limones, mandarinas, manzanas, peras, tomates y pomelos.

Sugerencias para la degustación

La degustación de las conservas varía mucho según la ocasión. Las combinaciones clásicas tienen como protagonistas el pan y los bollos, con los que se preparan estupendos y nutritivos desayunos y meriendas. Se emplean también en la elaboración de postres, tartas y dulces de repostería. Combinan de forma más atrevida, pero con muy buenos resultados, con los quesos.

CON QUESO

Es una de las últimas innovaciones alimentarias, una tendencia que va en aumento y que poco a poco va siendo contemplada por los restauradores y apreciada por el público. La combinación de queso con mermeladas está viviendo un auténtico *boom*.

Entonces, ¿por qué no se propone en casa esta combinación ganadora? Puede prepararse un entrante con queso camembert o de cabra rebozado y acompañado con mermelada de fresa o de tomate, por ejemplo. O, después de una cena rápida, puede ofrecerse un buen plato de quesos acompañados de miel, mermelada o confitura; será un gran final, propio de un buen chef: poco trabajo y muy buenos resultados.

La miel es, sin duda, el acompañamiento idóneo de los quesos aromatizados con hierbas, mientras que los curados combinan muy bien con mermeladas.

Hay que probarlo todo y no cuesta nada anotar en un cuaderno el resultado de las combinaciones realizadas. Inicialmente uno puede guiarse simplemente por el paladar pero, con el paso del tiempo, se aprenderán trucos y se seleccionará una combinación u otra con conocimiento de causa.

Si se quiere sorprender a los invitados, pueden servirse las conservas de fruta en unos vasitos de licor sobre una bandeja junto con los trozos de queso. Los quesos se disponen en círculo y deben estar ordenados del más suave al más curado, partiendo desde la parte alta de la bandeja. De este modo, las personas poco avezadas a las degustaciones podrán elegir fácilmente el queso, sin que el de sabor más fuerte apague el más suave.

CON PAN PARA DESAYUNAR

El desayuno es uno de los momentos más agradables del día y qué forma mejor de disfrutarlo que ante una mesa con los alimentos favoritos. Junto a las bebidas ¿té, café, café con leche o chocolate? no puede faltar algo sustancioso y dulce para empezar bien el día. No hay que dejarse llevar por las prisas y debe concederse a este momento la importancia que se merece. Hay que seguir el consejo de los nutricionistas e ingerir en esta comida una quinta parte de la necesidad energética diaria. ¿Y qué mejor modo de hacerlo que con pan y mermelada?

Una bandeja con varios tipos de pan y unos tarros de conservas caseras, una cucharilla para cada comensal y vía libre a la imaginación, la combinación de las distintas mermeladas depende del gusto de cada uno. ¿Cómo estará la confitura de frambuesas con una mermelada de naranja?

Después de un desayuno así ¡seguro que nos espera un buen día!

EL PAN

Es el alimento básico por antonomasia. Se ha preparado condimentado y moldeado de infinitas formas, pero manteniendo siempre su sencillez. Actualmente la variedad de panes es amplísima: pan blanco, integral, de cereales, con semillas, de formas y dimensiones nuevas y diversas. Las masas son muy variadas, con tiempos y modos de elaboración diferentes.

A continuación se presenta la receta de una masa básica, para realizar en casa. Además de la mermelada, el pan casero contribuirá a un desayuno realmente genuino apreciado por toda la familia.

La elaboración del pan requiere paciencia, tranquilidad y habilidad, igual que la preparación de las conservas. Mientras la fruta se hace lentamente en la cacerola, ¿por qué no poner las manos en la masa?

Masa de pan

Ingredientes para 750 g de masa:
500 g de harina de repostería, 2 cucharaditas de sal, 250 ml de agua, una cucharada de aceite de oliva y 20 g de levadura de panadería

Se pone la harina en un bol: se forma una montaña con ella, con un agujero en el centro. Se introduce en el agujero el agua, la sal y el aceite. Se incorpora la levadura y se diluye en el líquido con los dedos de la mano izquierda, mientras se va mezclando poco a poco la harina de la parte externa con la mano derecha.

Se trabaja hasta formar una masa pegajosa. Se amasa con ambas manos hasta obtener un compuesto homogéneo, brillante y elástico.

Se introduce de nuevo en el bol, se cubre con un trapo o con plástico de uso alimentario y se deja fermentar 20 minutos. Se trabaja la masa, se le da un par de vueltas y se deja fermentar 40 minutos más. Se forman panecillos y se introducen en el horno precalentado a 220 °C durante unos 20 minutos.

EN LA PREPARACIÓN DE LOS DULCES

Todas las recetas presentadas en el libro pueden degustarse solas, pero también convertirse en un ingrediente fundamental como acompañamiento de otros platos.

Las confituras y las mermeladas se utilizan en la preparación de una gran variedad de pasteles, tartas, etc.

En un abrir y cerrar de ojos pueden prepararse costradas, *plum cakes,* bizcochos..., es decir, postres que todavía resultarán más apetitosos si la conserva de fruta ha sido elaborada a mano, en casa, con ingredientes naturales y controlados.

LA COSTRADA

Es una de las recetas más antiguas de la gastronomía italiana. Su origen se sitúa en el siglo XIV, época en la que se han hallado referencias a tortas de pasta rellenas en los tratados culinarios de los cocineros de la corte. Es una receta simple que ha ido evolucionando y se ha enriquecido tanto en la pasta como en el relleno, así como en la presentación. La base es siempre una masa de hojaldre (o pasta brisa) rellena de confitura, mermelada, crema o fruta fresca, que se saborea para desayunar, merendar o como postre.

Puede prepararse en moldes de distintas formas y tamaños, o también en moldes individuales para elaborar tentempiés dulces para tomar con el café.

Para evitar que la pasta del fondo se humedezca demasiado, es mejor hacerla primero sola y terminarla con la confitura elegida. Otro truco para no empapar la pasta con el relleno consiste en disponer en el fondo de la torta galleta seca desmenuzada y luego añadir la confitura; de este modo, la galleta absorberá el exceso de humedad y la base se conservará crujiente. Para decorar la costrada no hay nada mejor que la clásica reja, hecha con cordones de pasta trenzados y dispuestos con gracia sobre la superficie del relleno. Una variante puede ser recortar en una lámina fina de hojaldre distintas formas, con lo que se obtendrá una curiosa presentación.

Una vez lista, la tarta puede servirse tibia, combinada con una bola de helado o una crema inglesa. Si, por el contrario, se prefiere la fruta, puede acompañarse con una salsita fría que se prepara batiendo la fruta con azúcar blanco o de caña.

La receta:
500 g de harina, 200 g de azúcar, 300 g de mantequilla, 4 yemas de huevo, un limón, vainilla y 250 g de confitura

Se pasa por el cedazo la harina y se forma un montón en la mesa. En el centro se echa la mantequilla ligeramente reblandecida, el azúcar, la piel del limón rallada, la vainilla y las yemas de huevo. Se amasa rápidamente con las manos, pero sin trabajar demasiado la masa, para que no se pase.

Antes de utilizarla tiene que reposar en un lugar fresco durante una hora como mínimo.

Se extiende una lámina de masa con un grosor de medio centímetro aproximadamente y se recubre un molde. Se agujerea con un tenedor y se introduce en el horno durante 20 minutos, a 200 °C. Se saca, se cubre esta base con la confitura elegida y se vuelve a introducir en el horno a 200 °C durante otros 20 minutos.

Se desmolda y se deja enfriar en una parrilla.

MERMELADAS

La necesidad de conservar los alimentos ha estado siempre presente en la historia del ser humano. En el caso de las frutas, el método más antiguo consistió en mezclarlas con miel. Los romanos desarrollaron un proceso que permitía obtener una sustancia similar a la mermelada. Para ello, añadían a la fruta un peso equivalente de miel y cocinaban posteriormente la mezcla hasta obtener la consistencia deseada.

Este proceso estuvo vigente hasta que los árabes introdujeron el uso del azúcar en Europa. Al igual que los romanos, incorporaban a la fruta su mismo peso en azúcar y luego llevaban a cabo el cocinado hasta que la densidad fuese la adecuada.

De este modo se obtuvieron las primeras mermeladas idénticas a las que consumimos en la actualidad. No obstante, el azúcar era un producto de lujo que sólo estaba al alcance de nobles y reyes y por ello la difusión de la mermelada quedó circunscrita a las cortes europeas. En los diferentes países, al adaptarse a las propias costumbres, sufrió ligeras variaciones tanto en la elaboración como en el nombre.

Un caso muy notorio es el de los países de habla inglesa, donde *marmalade* se aplica exclusivamente a la mermelada elaborada con frutos cítricos (naranja, limón, mandarina, pomelo, etc.), especialmente con naranja amarga.

Con el paso del tiempo y el abaratamiento del azúcar, las mermeladas comenzaron a convertirse en productos populares que se elaboraban en casa y, a partir del siglo XIX, fueron objeto de producción industrial a gran escala.

ELABORACIÓN

Pueden prepararse mermeladas a partir de prácticamente todo tipo de frutas, desde las más frecuentes (naranjas, fresas, albaricoques, ciruelas, etc.) hasta las más exóticas (guayabas, mangos, *kumquats* o naranjas enanas, etc.), o incluso de hortalizas (tomates, zanahorias, calabazas, etc.). El producto de base no debe estar demasiado verde ni excesivamente maduro, y al trocearlo es necesario eliminar cualquier golpe.

Para la mayoría de las frutas, antes de proceder al cocinado se dejan macerar durante algún tiempo con una cantidad de azúcar equivalente al 45 %-100 % de su peso. En otros casos, se cocina con un poco de agua a fuego lento, hasta reducir el volumen a una tercera parte, con el objetivo de ablandar la pulpa y liberar la pectina y se incorpora el azúcar posteriormente.

El cocinado principal, realizado a fuego vivo, tiene una duración variable dependiendo de la fruta y se indica en todas las recetas. Si es demasiado prolongado, la mermelada queda excesivamente espesa y pegajosa, la fruta pierde la mayor parte de su aroma y de su sabor y se corre el riesgo de quemar el azúcar y arruinar el producto final. Por el contrario, si el cocinado es demasiado corto, la mermelada no alcanza la textura correcta ni el adecuado equilibrio entre fruta y azúcar, por lo que puede estropearse durante su posterior almacenamiento.

Nada produce tanto placer como el hecho de disponer en la despensa de una amplia gama de mermeladas elaboradas en casa, que permiten disfrutar durante todo el año de la fruta de árboles propios o de aquella que se ha elegido personalmente en el mercado. En cualquier caso, la preparación casera de conservas de fruta ofrece la garantía de conocer los productos que intervienen en su composición y ayuda a aprovechar la fruta en su momento óptimo y cuando tiene un mejor precio.

Mermelada de albaricoque y plátano

Ingredientes para 2 botes
750 g de albaricoques
250 g de plátanos
la corteza y el zumo de un limón
750 g de azúcar

Preparación: *20 minutos*
Cocinado: *30 minutos*

Se lavan los albaricoques, se secan, se deshuesan y se cortan en trozos. Se mezclan con la pulpa chafada de los plátanos, la corteza y el zumo del limón y el azúcar.

Se remueve todo y se deja en infusión 2 horas.

Se lleva a ebullición, se hace durante 20 minutos, se envasa, se cierra herméticamente y se esteriliza.

—— Consejo ——

Para elaborar otras mermeladas, la pulpa del albaricoque puede mezclarse con otra fruta de temporada (cerezas, melocotones, ciruelas, frutos del bosque, piña...).

Mermelada de albaricoque con almendras

Ingredientes para un bote y medio
750 g de albaricoques
100 g de almendras laminadas
1 limón
350 g de azúcar refinado

Preparación: *15 minutos*
Cocinado: *40 minutos*

Se lavan los albaricoques, se secan, se cortan por la mitad y se deshuesan.

Se exprime el limón. Se ponen en una cacerola los albaricoques, las almendras laminadas y el zumo del limón y se hace todo a fuego lento hasta que la pulpa de la fruta se ablande. A continuación, se agrega el azúcar y se remueve.

Se prosigue a fuego lento hasta que la preparación empiece a hervir. Se sube la llama y, sin dejar de remover, se deja que hierva unos 20 minutos para que espese. Una vez alcanzada la consistencia deseada, se retira la cacerola del fuego, se espuma, se deja enfriar y se envasa. Se esteriliza y se guarda.

Mermelada de albaricoque a la vainilla

Ingredientes para un bote y medio
750 g de albaricoques
3 vainas de vainilla
1 vasito de coñac
350 g de azúcar refinado

Preparación: *15 minutos*
Cocinado: *30 minutos*

Se lavan los albaricoques, se dejan secar, se cortan por la mitad y se deshuesan.

Se abren con un cuchillo las vainas de vainilla y se extraen las semillas negras.

En una cacerola, se introducen los albaricoques y se hacen a fuego lento hasta que la pulpa se ablande.

A continuación, se añade el azúcar y las semillas de vainilla y se remueve hasta obtener una masa homogénea. Se prosigue a fuego lento hasta que la preparación empiece a hervir; luego, se sube la llama y, sin dejar de remover, se deja que se haga hasta que alcance la consistencia deseada.

Se retira la cacerola del fuego, se espuma y se agrega el coñac. Se deja enfriar y se envasa.

Se esteriliza y se guarda.

Mermelada de sandía

Ingredientes para 2 botes
1 kg de sandía limpia
1 vaina de vainilla
1 limón
750 g de azúcar

Preparación: *20 minutos + el tiempo de maceración*
Cocinado: *30 minutos*

Una vez eliminadas la cáscara y las pepitas de la sandía, se retira la pulpa y se corta en dados; por último, se acomoda en una cacerola adecuada formando capas alternas con el azúcar. Debe mantenerse así durante 12 horas.

Transcurrido este tiempo, se trocea el limón después de lavarlo y, limpio de pepitas, se agrega a la sandía.

Se lleva la cacerola al fuego, se añade la vainilla y se hace todo durante 30 minutos, removiendo con frecuencia.

Una vez elaborada la mermelada, se retira la vainilla y se distribuye en tarros. Después de cerrarlos se esterilizan al baño María durante unos minutos.

Mermelada de fresa a la pimienta

Ingredientes para 2 botes
1 kg de fresas maduras
1 limón orgánico
1/2 cucharadita de pimienta blanca
1 cucharadita de pimienta verde
800 g de azúcar

Preparación: *10 minutos*
Cocinado: *40 minutos*

Se escogen las fresas maduras, se lavan, se les quitan los peciolos y se dejan secar en un trapo limpio.

Se vierten en una cacerola de acero inoxidable, se aplastan con un tenedor, se añade el zumo del limón, la pimienta blanca y verde en salmuera y el azúcar. Se remueve, se lleva a ebullición y se deja que se haga durante unos 25 minutos.

Se envasa; se cierran los tarros herméticamente y, por último, se esterilizan.

— Consejo —

Para darle un sabor aún más intenso, se pueden lavar las fresas con vino tinto.

Mermelada de pera y menta

Ingredientes para 3 botes
1,5 kg de peras
1 vaso de ron
50 g de menta fresca
900 g de azúcar

Preparación: *15 minutos*
Cocinado: *60 minutos*

Se limpian las peras, se mondan y se cortan en gajos pequeños, eliminando el corazón. Se ponen en una cacerola con el azúcar.

Se llevan a ebullición y se deja que se hagan a fuego lento aproximadamente una hora, durante la cual se añade la menta y se remueve hasta obtener un compuesto blando.

Se deja entibiar el preparado, se retira la menta y se pasa por el pasapurés. Se agrega el ron. Se envasa; se dejan enfriar los botes, se cierran herméticamente y se esterilizan.

— Consejo —

Para obtener un sabor más intenso, la menta puede triturarse e incorporarse una vez hecha la mermelada.

Mermelada de frambuesa

Ingredientes para un bote
450 g de frambuesas
2 cucharadas de zumo de limón
450 g de azúcar

Preparación: *10 minutos*
Cocinado: *15 minutos*

Se lavan los tarros con agua caliente y jabón, se enjuagan bien y se guardan en un lugar caliente hasta el momento de usarlos.

Se disponen en una cacerola las frambuesas, el zumo de limón y el azúcar. Se lleva a ebullición y se hace durante 10 minutos, removiendo para que se diluya bien el azúcar.

Una vez que el preparado ha alcanzado la consistencia deseada, se retira del fuego y se deja reposar 2 minutos.

Se mezcla bien y se dispone la mermelada, aún caliente, en los tarros. Se esterilizan 15 minutos.

Mermelada de pera con especias

Ingredientes para 3 botes
1,5 kg de peras
el zumo de un limón
1 cucharadita de cardamomo molido
1 cucharadita de jengibre molido
una pizca de sal
azúcar

Preparación: *25 minutos*
Cocinado: *60 minutos*

En una cacerola adecuada, se disponen las peras peladas, limpias de corazón y pepitas y cortadas en cuartos. Se añade un poco de agua y una pizca de sal y se deja que se haga a fuego lento hasta que estén completamente blandas.

A continuación, se pasa la pulpa por un tamiz para eliminar las impurezas, se pesa y se coloca en una cacerola junto con el 60 % de su peso en azúcar. Se agrega el zumo del limón, el cardamomo y el jengibre.

Se deja que se haga a fuego suave, removiendo de vez en cuando, hasta que la mermelada se reduzca una tercera parte.

Llegado este punto, se vierte en los botes; se cierran y se esterilizan al baño María durante 30 minutos.

Mermelada de arándano con avellana y coco

Ingredientes para 2 botes
1 kg de arándanos
100 g de avellanas troceadas
50 g de coco
1 vaso de vino tinto gasificado
750 g de azúcar

Preparación: *10 minutos*
Cocinado: *30 minutos*

Se ponen todos los ingredientes en una cacerola de acero inoxidable, se remueve y se deja en infusión durante 2 horas.

Se lleva a ebullición y se hace a fuego lento hasta obtener la consistencia deseada.

Se envasa; se dejan enfriar los botes, se cierran herméticamente y se esterilizan 20 minutos.

Mermelada de frutos del bosque

Ingredientes para 2 botes
1 kg de frutos del bosque variados
1 sobre de pectina
1 kg de azúcar

Preparación: *25 minutos*
Cocinado: *30 minutos*

Se limpia la fruta con un paño húmedo, se dispone en una cacerola junto con el azúcar y la pectina y se hace a fuego lento hasta obtener la textura deseada.

Para saber si la mermelada está en su punto, se saca una cucharadita y se vierten unas gotas sobre un plato frío. Si las gotitas se solidifican inmediatamente, el preparado ya puede retirarse del fuego.

A continuación, se envasa en tarros; se cierran y se esterilizan al baño María durante unos 30 minutos.

Mermelada de guayaba

Ingredientes para 2 botes
1 kg de guayaba
80 ml de zumo de limón
3 vasos de agua
1 kg de azúcar

Preparación: *15 minutos*
Cocinado: *35 minutos*

Una vez peladas y cortadas en trozos las guayabas, se disponen en una cacerola junto con el agua y se hierven.

A continuación, se trituran y se pasan por un tamiz de forma que la pulpa quede reducida a una pasta concentrada.

Después, se mezcla con la mitad del azúcar, se coloca en una cacerola y se lleva a ebullición removiendo continuamente con una cuchara de madera. Llegado este punto, se añade el resto del azúcar y el zumo de limón. Se sigue haciendo hasta que la mermelada haya adquirido la textura deseada.

Después de distribuirla en botes, se cierran y se esterilizan al baño María durante 30 minutos.

Mermelada de guinda

Ingredientes para 2 botes
1 kg de guindas bien maduras y prietas
750 g de azúcar

Preparación: *30 minutos*
Cocinado: *40 minutos*

Se lavan las guindas y se deshuesan. En una cazuela de barro grande se alternan capas de guindas y azúcar, empezando y acabando con este último ingrediente. Se cubre con un trapo y se deja reposar por lo menos durante una noche en un lugar fresco y oscuro.

Se vierten los frutos y el jugo en una cacerola y se hacen a fuego lento, removiendo frecuentemente. Cuando el preparado empiece a hervir, se sube el fuego y se prosigue 10 minutos más. Se deja reposar una noche.

Se introduce de nuevo el compuesto en la cacerola y se lleva al fuego, siempre a poca temperatura y sin dejar de remover. Cuando la mermelada haya alcanzado la consistencia deseada, se apaga el fuego, se espuma, se deja entibiar, se remueve y se envasa. Los recipientes se cierran en frío y se esterilizan.

— Consejo —

La mermelada también puede prepararse en una sola vez, suprimiendo la noche de reposo.

Mermelada de mora

Ingredientes para 2 botes
1 kg de moras
la corteza y el zumo de un limón
1 kg de azúcar

Preparación: *10 minutos*
Cocinado: *25 minutos*

Se limpian las moras, se ponen en una cacerola de acero inoxidable con el azúcar y la corteza y el zumo del limón. Se chafa la fruta, se mezcla todo y se deja en infusión durante unas 3-4 horas.

Se lleva a ebullición y se hace durante 15 minutos. Se envasa; se cierran herméticamente los botes y se esterilizan durante otros 15 minutos.

Mermelada de mandarina

Ingredientes para 2 botes
1 kg de mandarinas
el zumo de un limón
750 g de azúcar

Preparación: *30 minutos*
Cocinado: *50 minutos*

Una vez limpias y peladas las mandarinas, entonces se trocean las cáscaras en tiritas muy finas y los gajos en cuadraditos.

A continuación, se colocan las tiritas en una cacerola, se cubren con agua fría y se dejan hervir durante 5 minutos.

Se retiran del fuego y se escurren. Este procedimiento debe repetirse dos veces más.

En una cacerola adecuada, se acomoda la piel de las mandarinas, ya hervida, la pulpa, el azúcar y el zumo del limón. Se hace todo a fuego suave hasta que haya tomado la consistencia de mermelada.

Después, se vierte la mermelada en tarros limpios; se cierran y se esterilizan al baño María durante 30 minutos.

Mermelada de pepino

Ingredientes para 2 botes
1 kg de pepinos
600 g de azúcar
el zumo y la corteza de 2 limones orgánicos

Preparación: *20 minutos*
Cocinado: *30 minutos*

Se lavan los pepinos, se pelan, se cortan por la mitad longitudinalmente y se quitan las semillas más duras, pero no los filamentos internos. Se cortan en lonchas finas y se incorporan en una cacerola de acero inoxidable con el azúcar y el zumo y la corteza de los limones; se remueve todo.

Se deja en infusión durante 2-3 horas. Se lleva a ebullición lentamente y se deja que se haga hasta que el compuesto haya alcanzado una consistencia de caramelo.

Se envasa; se dejan enfriar los botes, se cierran herméticamente y se esterilizan durante 20 minutos.

Mermelada de mango

Ingredientes para un bote y medio
4 mangos
1 cucharadita de canela en polvo
azúcar

Preparación: *15 minutos*
Cocinado: *30 minutos*

Se pelan los mangos, se cortan en dados y se disponen en una cacerola adecuada junto con su mismo peso en azúcar y la canela.

A continuación, se hacen a fuego lento durante aproximadamente unos 30 minutos. Transcurrido este tiempo y una vez comprobado que ha alcanzado el punto de mermelada, se retira del fuego y se vierte en tarros limpios, que se cierran y se esterilizan al baño María unos 30 minutos.

Mermelada de melocotón con galletas almendradas

Ingredientes para 2 botes
1 kg de melocotones
200 g de galletas almendradas trituradas
1 vasito de licor de almendra
800 g de azúcar

Preparación: *25 minutos*
Cocinado: *50 minutos*

Se lavan los melocotones y se deshuesan; se tritura la pulpa con el pasapurés y se pone en una cacerola de acero inoxidable junto con el azúcar y las galletas trituradas. Se lleva a ebullición y se deja que se haga durante 40 minutos.

Se retira del fuego y, removiendo bien, se agrega el licor. Se envasa; se cierran los botes y se esterilizan.

Mermelada de manzana y mora

Ingredientes para 3 botes
1 kg de manzanas verdes
1 kg de moras
el zumo de 2 limones
canela
1,5 kg de azúcar

Preparación: *30 minutos + el tiempo de maceración*
Cocinado: *50 minutos + el tiempo de reposo*

Para empezar, se pelan las manzanas, se eliminan las pepitas y se cortan en dados.

A continuación, se lavan bien las moras y se ponen a escurrir.

En una cacerola, se disponen las manzanas troceadas, las moras, el azúcar, el zumo de los limones y la canela y se deja macerar todo durante 12 horas.

Transcurrido este tiempo, se lleva la cacerola al fuego y se hace todo a fuego moderado durante 30 minutos. Se retira y se deja en reposo durante 24 horas. Después, se sigue haciendo hasta que alcance la textura de mermelada.

Finalmente, se distribuye en tarros y estos se esterilizan al baño María.

Mermelada de cereza, melón y mango

Ingredientes para 2 botes
1,5 kg de cerezas
1/2 melón
1 mango
1/2 vaina de vainilla
2 clavos de olor
azúcar

Preparación: *30 minutos*
Cocinado: *15 minutos*

Se deshuesan las cerezas y se recoge el jugo. Se le quita la corteza al melón y la piel al mango y se cortan ambos en lonchas. Se mezcla todo en la batidora, se pesa y se vierte en una cacerola de acero.

Se añade el mismo peso de azúcar, la vainilla y los clavos y se lleva a ebullición. Se deja que se haga durante 5 minutos.

Se envasa; se cierran los tarros herméticamente y se esterilizan durante 20 minutos.

Mermelada de maracuyá y papaya

Ingredientes para 2 botes
1 kg de maracuyá
1 papaya mediana
500 g de azúcar

Preparación: *30 minutos*
Cocinado: *40 minutos*

Se empieza retirando la pulpa de los maracuyás y licuándola ligeramente para conseguir el máximo de zumo sin triturar.

A continuación, se pela la papaya, se eliminan las pepitas y se trocea.

En una cacerola al fuego, se disponen las frutas junto con el azúcar y se hacen a fuego lento, removiendo con frecuencia con una cuchara de palo, hasta que adquieran textura de mermelada.

Finalmente, se vierte en envases limpios; se cierran y se esterilizan al baño María durante 30 minutos.

Mermelada de melocotón al aroma de lavanda

Ingredientes para 2 botes
1 kg de melocotones
2 espigas de lavanda en una bolsita de tela
1 kg de azúcar

Preparación: *20 minutos*
Cocinado: *30 minutos*

Se lavan y se deshuesan los melocotones; se tritura la pulpa con el pasapurés y se vierte en una cacerola de acero inoxidable junto con el azúcar y la lavanda. Se deja en infusión durante una hora.

Se lleva a ebullición a fuego vivo y se deja que se haga durante 20 minutos.

Se retira la bolsita de lavanda, se envasa la mermelada; se cierran los botes herméticamente y se esterilizan durante unos 10 minutos.

Mermelada de mora e higo

Ingredientes para un bote y medio
500 g de moras
500 g de higos maduros
500 ml de agua
la corteza rallada y el zumo de 1/2 limón
500 g de azúcar

Preparación: *30 minutos*
Cocinado: *40 minutos*

Se limpian las moras, se disponen en una cacerola con el agua y se llevan a ebullición.

Cuando el agua rompe a hervir, se aparta del fuego la cacerola y se mantiene tapada durante 5 minutos. Se retiran las moras y se pasan por un tamiz.

En el mismo recipiente, una vez limpio, se llevan al fuego las moras tamizadas junto con 250 g de azúcar hasta obtener una mermelada espesa. Se aparta y se deja enfriar.

Mientras, se pelan los higos, se trocean y se hace la pulpa junto con el resto del azúcar y la ralladura de limón. Cuando se ha conseguido la textura de mermelada, se añade el zumo del limón, se hace unos 5 minutos más y se retira del fuego.

Finalmente, se mezclan las mermeladas, se distribuyen en tarros y se esterilizan estos al baño María durante 30 minutos.

Mermelada de cereza y pomelo rosa

Ingredientes para 3 botes
1,5 kg de cerezas
2-3 pomelos rosas
1 ramita de melisa
1 vasito de limoncello
azúcar

Preparación: *30-40 minutos*
Cocinado: *20 minutos*

Se lavan, se secan y se deshuesan las cerezas; se ponen en una cacerola de acero inoxidable con el zumo recién exprimido de los pomelos y la ramita de melisa; se pesa y se añade el mismo peso de azúcar. Se remueve y se deja en infusión durante una hora.

A continuación, se hace a fuego vivo durante 15 minutos y se retira la melisa.

Se aparta del fuego y se incorpora el *limoncello*, removiendo bien.

Se envasa; se cierran los botes herméticamente y se esterilizan durante 15 minutos.

Mermelada de pera y vainilla

Ingredientes para 2 botes
1 kg de peras
3 cucharadas de esencia de vainilla
750 g de azúcar

Preparación: *15 minutos*
Cocinado: *40 minutos*

Se pelan las peras, se trocean, se disponen en una cacerola con un poco de agua y se deja que se hagan unos 20 minutos o hasta que estén blandas.

A continuación, se machacan con un tenedor hasta convertirlas en puré. Se añade la vainilla y se dejan en el fuego 3 minutos más.

Se agrega el azúcar, se deja que se haga otros 7 minutos y se retira del fuego.

Finalmente, se distribuye en tarros, y se esterilizan estos al baño María durante 30 minutos.

Mermelada de ciruela

Ingredientes para 2 botes y medio
1 kg de ciruelas
500 g de bayas de saúco pasadas por el cedazo
1 cucharadita de granos de anís
un puñado de nueces peladas y trituradas
400 g de azúcar blanco
400 g de azúcar de caña

Preparación: *20 minutos*
Cocinado: *30 minutos*

Se lavan, se secan, se deshuesan y se trocean las ciruelas. Se ponen en una cacerola de acero inoxidable con los demás ingredientes. Se mezclan y se dejan en infusión durante 12 horas.

A continuación, se lleva la mezcla lentamente a ebullición y se hace con poca llama, removiendo a menudo hasta obtener la consistencia deseada.

Se envasa; se cierran los botes herméticamente y se esterilizan durante 20 minutos.

Mermelada de cereza e higo

Ingredientes para 3 botes y medio
1 kg de cerezas
1 kg de higos
la piel y el zumo de 2 limones orgánicos
3-4 clavos de olor
1 grano de anís estrellado
1 vasito de licor de cereza
1,5 kg de azúcar

Preparación: *25 minutos*
Cocinado: *30 minutos*

Se lava y se seca bien la fruta; se deshuesan las cerezas y se trocean los higos.

Se dispone la fruta en una cacerola con los otros ingredientes (excepto el licor), se mezcla y se deja en infusión durante 3-4 horas.

Luego, se lleva a ebullición y se deja que se haga todo a fuego vivo durante 15 minutos; se retira del fuego, se quita el anís y se incorpora el licor.

Se envasa la confitura; se cierran los recipientes herméticamente y se esterilizan 10 minutos.

Mermelada de piña

Ingredientes para un bote y medio
1 piña grande
1 batata pequeña
el zumo de 1/2 limón
azúcar

Preparación: *30 minutos*
Cocinado: *40 minutos*

En una cacerola adecuada, se dispone la piña y la batata peladas y ralladas, se tapa y se deja que se haga a fuego mediano.

Cuando hierva, se añade el azúcar lentamente y se remueve con una cuchara de madera hasta conseguir una textura adecuada.

Llegado este punto, se añade el zumo del limón, se le da un hervor y ya está lista la mermelada para que se retire del fuego.

Finalmente, se distribuye en botes, que se esterilizan al baño María durante 30 minutos.

Mermelada de madroño

Ingredientes para 2 botes
1 kg de pulpa de madroño
1 cucharada de zumo de limón
1 sobre de pectina
1 kg de azúcar

Preparación: *25 minutos*
Cocinado: *40 minutos*

Una vez limpios los madroños, se retira la pulpa y se dispone en una cacerola adecuada junto al zumo de limón, el azúcar y la pectina.

Se lleva a ebullición y, a partir del momento en que rompe a hervir, se calculan unos 40 minutos de cocinado, removiendo a menudo con una cuchara de palo.

Cuando el preparado haya adquirido la consistencia deseada, se espuma y se vierte en tarros de vidrio. A continuación, se esterilizan al baño María durante unos 30 minutos.

Mermelada de ciruela claudia

Ingredientes para 2 botes
1 kg de ciruelas claudias
700 g de azúcar blanco

Preparación: *20 minutos*
Cocinado: *25 minutos*

Se lavan las ciruelas, se secan, se deshuesan y se trocean. Se ponen en una cacerola de acero inoxidable con el azúcar.

Se lleva lentamente a ebullición y se deja que se haga a fuego lento, removiendo a menudo hasta obtener la consistencia deseada.

Se envasa; se cierran todos los botes herméticamente y se esterilizan.

Mermelada de cereza y grosella

Ingredientes para 2 botes
750 g de cerezas
250 g de grosellas trituradas con el pasapurés
1 kg de azúcar

Preparación: *20 minutos*
Cocinado: *20 minutos*

Preparación de las cerezas: se trocean y se disponen en una cacerola con el puré de grosella y el azúcar.

Se remueve, se lleva a ebullición y se deja que se haga a fuego vivo 15 minutos; a continuación, se envasa; se cierran los botes herméticamente y se esterilizan 10 minutos.

Mermelada de níspero

Ingredientes para un bote y medio
1 kg de nísperos
1 vaina de vainilla
una pizca de nuez moscada
1 sobre de pectina
la ralladura de un limón
750 g de azúcar

Preparación: *30 minutos*
Cocinado: *40 minutos*

Se lavan los nísperos, se cortan por la mitad y se elimina el hueso y la piel blanca que lo envuelve.

A continuación, en una cacerola adecuada con un poco de agua, se dispone la fruta, la vaina de vainilla cortada en sentido longitudinal, la nuez moscada y la ralladura del limón.

Se deja que se haga todo hasta que hierva y, luego, se añade el azúcar y la pectina. Se lleva de nuevo a ebullición y se prosigue el cocinado durante unos 20 minutos, removiendo de vez en cuando con una cuchara de palo.

Cuando el preparado haya adquirido textura de mermelada, se espuma, se retira la vaina de vainilla y se distribuye en botes; se cierran y se esterilizan al baño María durante 30 minutos.

Mermelada de judías

Ingredientes para un bote
1 kg de judías blancas
la corteza de un limón
miel de acacia o de flor de naranjo
1/2 cucharada de canela en polvo o un vasito de ron

Preparación: *30 minutos*
Cocinado: *20 minutos*

Se colocan las judías en una cacerola de acero inoxidable con una espiral de corteza de limón fina; se cubren con abundante agua y se llevan a ebullición hasta que estén tiernas.

Se cuelan, se pasan por el pasapurés y se pesan. Seguidamente, se introduce este puré en la cacerola con la mitad de su peso en miel de acacia o de flor de naranjo calentada al baño María y se remueve todo bien. Se deja que se haga a fuego lento hasta que el compuesto esté blando.

Se aromatiza con media cucharada de canela en polvo o un vasito de ron.

Se envasa; se dejan enfriar los botes, se cierran herméticamente y se esterilizan durante 20 minutos.

Mermelada de grosella negra

Ingredientes para 2 botes
1 kg de grosellas negras
1 cucharadita de zumo de limón
1 kg de azúcar

Preparación: *20 minutos + el tiempo de maceración*
Cocinado: *35 minutos*

Se limpian bien las grosellas y se secan con un paño limpio.

A continuación, se disponen en una cacerola adecuada junto con el zumo de limón y el azúcar. Se dejan en maceración durante 12 horas.

Transcurrido este tiempo, se lleva la cacerola al fuego y, cuando rompe a hervir, se prosigue durante unos 30 minutos.

Cuando el preparado ha adquirido consistencia de mermelada, se espuma y se vierte en tarros limpios, que se cierran y se esterilizan al baño María durante 30 minutos.

Mermelada de berenjena

Ingredientes para 2 botes y medio
1 kg de berenjenas
3 naranjas (u otros cítricos)
1 lima
1 mango
80 g de avellanas
1/2 vaina de vainilla
1 vaso de vino blanco dulce
el zumo de un limón
800 g de azúcar

Preparación: *30 minutos*
Cocinado: *30 minutos*

Se pelan las berenjenas, se cortan primero en lonchas y luego en dados, se ponen en una cacuela de barro y se cubren con agua acidulada con el zumo del limón.

Se lavan las naranjas, se mondan y se exprime el zumo; se corta en rodajas finas la lima, y se pela el mango y se corta en trocitos.

Se pone en una cacerola de acero inoxidable el zumo de naranja, la lima y el mango junto con las berenjenas bien escurridas, la vainilla, el azúcar y el vino blanco.

Se deja que se haga todo lentamente, removiendo a menudo hasta obtener la densidad deseada. Un poco antes, se incorporan las avellanas trituradas.

Se envasa; se dejan enfriar los botes, se cierran herméticamente y se esterilizan durante 20 minutos.

Mermelada de arándano

Ingredientes para 2 botes
1 kg de arándanos
1 cucharadita de zumo de limón
1 sobre de pectina
1 kg de azúcar

Preparación: *15 minutos*
Cocinado: *45 minutos*

Se limpian cuidadosamente los arándanos con un paño húmedo.

A continuación, se acomodan en una cacerola adecuada y se hacen a fuego fuerte, removiendo continuamente, hasta conseguir un puré.

Llegado este punto, se agrega el azúcar, la pectina y el zumo de limón, se lleva a ebullición y, a partir del momento en que empiece a hervir, se calculan 35 minutos, removiendo siempre con una cuchara de madera.

Transcurrido este tiempo, se comprueba que haya adquirido textura de mermelada y se espuma.

Finalmente, se vierte en tarros de cristal, que se cierran y se someten al baño María durante 30 minutos.

Mermelada de naranja y arándano

Ingredientes para 2 botes
3-4 naranjas
500 g de arándanos
azúcar

Preparación: *15 minutos*
Cocinado: *25 minutos*

Se lavan y se secan muy bien las naranjas; se reserva la corteza y se trocean, eliminando los filamentos, la piel blanca y las pepitas.

Se añaden los arándanos bien aplastados; se pesa el preparado y se incorpora el mismo peso en azúcar.

Se remueve, se lleva rápidamente a ebullición y se deja que se haga durante 15 minutos. Se bate y se añade la corteza de las naranjas.

Se envasa, se cierran los botes herméticamente y se esterilizan durante 10 minutos.

Mermelada de ciruela claudia con tomillo

Ingredientes para 3 botes y medio
*2 kg de ciruelas claudias
6 ramitas de tomillo
la corteza y el zumo de 2 limones
2 kg de azúcar*

Preparación: *30 minutos*
Cocinado: *40 minutos*

Se lava, se seca y se deshuesa la fruta; se corta en láminas y se dispone en una cacerola de acero inoxidable, formando capas con el azúcar, la corteza y el zumo de los limones y el tomillo. Se tapa y se mantiene en un lugar fresco durante 12 horas.

Se lleva a ebullición y se deja que se haga durante 25-30 minutos.

Se envasa; se cierran los botes herméticamente y se esterilizan durante 15 minutos.

Mermelada de kiwi

Ingredientes para un bote y medio
1 kg de kiwis
1/2 cucharada de zumo de limón
750 g de azúcar

Preparación: *25 minutos*
Cocinado: *25 minutos*

Se pelan los kiwis y se trocean. En una cacerola grande, se hacen a fuego lento junto con el zumo de limón, hasta que se ablanden. Se añade el azúcar y se continúa removiendo hasta que esta se haya disuelto por completo.

Se sube la llama y se deja que se haga a fuego vivo durante 10 minutos. La mermelada debe alcanzar los 105 °C. Se retira la cacerola del fuego, se espuma y se deja reposar 5-10 minutos.

Se envasa; se cierran todos los botes herméticamente y se esterilizan.

Mermelada de manzana y endrina

Ingredientes para 2 botes
500 g de pulpa de endrinas
500 g de manzanas
pacharán
1 kg de azúcar

Preparación: *30 minutos*
Cocinado: *40 minutos*

Se escaldan las endrinas con agua hirviendo, se tamizan para eliminar la piel y se recoge la pulpa.

A continuación, se pelan las manzanas, se elimina el corazón y las pepitas y se trituran.

En una cacerola adecuada, se dispone el azúcar, las endrinas y las manzanas y se lleva todo a ebullición.

Cuando el preparado rompe a hervir, se prosigue durante unos 30 minutos, removiendo a menudo con una cuchara de palo.

Una vez comprobado que ha alcanzado el punto de mermelada, se añaden 2 cucharadas de licor y se vierte en los envases, que, una vez bien cerrados, se someterán a proceso de esterilización al baño María durante 30 minutos.

Mermelada de higo con galletas almendradas

Ingredientes para 3 botes
2 kg de higos
la corteza y el zumo de 2 limones
100 g de galletas almendradas
1 kg de azúcar

Preparación: *25 minutos*
Cocinado: *40 minutos*

Se lavan los higos, se les corta el peciolo y se ponen en una cacerola con el azúcar y la corteza y el zumo de los limones. Se remueve todo, se lleva a ebullición y se deja que se haga a fuego lento hasta que obtenga la consistencia adecuada.

Poco antes de apagar el fuego, se agregan las galletas bien troceadas y se mezcla todo bien. Se envasa; se cierran los botes herméticamente y se esterilizan durante 20 minutos.

Mermelada de pomelo

Ingredientes para 2 botes
1,5 kg de pomelos
1 cucharadita de zumo de limón
1 sobre de pectina
1 kg de azúcar

Preparación: *15 minutos*
Cocinado: *40 minutos*

Se pelan los pomelos a vivo, se cortan en dados y se disponen en una cacerola para mermeladas junto con el azúcar, la pectina y el zumo de limón.

Después, se lleva a ebullición y, a partir del momento en que rompa a hervir, se mantiene en el fuego, removiendo a menudo con una cuchara de palo.

Cuando el preparado haya tomado consistencia de mermelada, se espuma y se vierte en los tarros de conserva, que se cierran y se someten al proceso de esterilización al baño María durante 30 minutos.

Mermelada de tomate verde e higo

Ingredientes para 2 botes
1 kg de tomates verdes
1 kg de higos
el zumo y la corteza de 2 limones
1/2 vaina de vainilla
1,4 kg de azúcar

Preparación: *30 minutos*
Cocinado: *30-40 minutos*

Se lavan los tomates verdes, se secan, se cortan en rodajas, se les quitan las semillas y se trocea la pulpa.

Se ponen en una cacerola de acero inoxidable con los higos troceados, el zumo y la corteza de los limones y la vainilla.

Se añade el azúcar, se mezcla bien, se lleva lentamente a ebullición y se deja que se haga poco a poco, siempre removiendo hasta que casi todo se haya caramelizado.

Se envasa; se dejan enfriar los botes y se cierran herméticamente. Para lograr la máxima conservación, se esterilizan durante 20 minutos.

Mermelada de higo chumbo

Ingredientes para 3 botes
3 kg de higos chumbos
1 vaso de vino blanco dulce
la corteza y el zumo de 2 limones
1/2 vaina de vainilla
azúcar de caña

Preparación: *40 minutos*
Cocinado: *30 minutos*

Se pelan los higos chumbos, teniendo mucho cuidado de no pincharse con las espinas, y se cortan en lonchas; se ponen en una cacerola de acero inoxidable con el vino.

Se lleva todo a ebullición, removiendo a menudo, y se deja que se haga 15 minutos.

Se deja entibiar; luego, se pasa por el cedazo y se pesa el puré obtenido. Se vierte nuevamente en la cacerola, añadiendo 400 g de azúcar por cada kilo de preparado, la corteza y el zumo de los limones y la vainilla. Se mezcla todo bien y se deja que se haga lentamente hasta conseguir la consistencia adecuada.

Se envasa; se cierran los botes herméticamente y se esterilizan durante 20 minutos.

Mermelada de uva

Ingredientes para 3 botes
2 kg de uvas negras
600 g de azúcar por cada kilo de fruta preparada

Preparación: *40 minutos*
Cocinado: *40 minutos*

Se lavan las uvas cuidadosamente, se secan y se desgranan. Se recoge el jugo.

Se ponen en un puchero las uvas y el jugo obtenido y se deja que se haga todo a fuego medio, removiendo frecuentemente hasta que la fruta haya soltado todo su jugo. Se baja la llama y se deja en el fuego hasta reducir a la mitad el compuesto.

Cuando la preparación alcance la consistencia deseada, se apaga el fuego, se espuma y se envasa el preparado. Los botes se esterilizan y se conservan.

Mermelada de higo, piñones y cítrico

Ingredientes para un bote y medio
1 kg de higos
50 g de piñones
la corteza y el zumo de 2 limas o 2 mandarinas
1 kg de azúcar

Preparación: *15 minutos*
Cocinado: *15 minutos*

Se lavan los higos, se les quita el peciolo, se trocean y se ponen en una cacerola con los piñones triturados y la corteza y el zumo de las limas o de las mandarinas.

Se pesa y se añade la misma cantidad en azúcar. Se remueve bien todo y se deja en infusión 2 horas. Luego se lleva a ebullición y se deja que se haga durante 5 minutos.

Se envasa; se cierran los botes herméticamente y se esterilizan durante 10 minutos.

Mermelada de caqui, manzana y pera

Ingredientes para 4 botes
1,5 kg de caquis
500 g de manzanas reineta
500 g de peras

Preparación: *30 minutos*
Cocinado: *3 horas*

Se lavan cuidadosamente los caquis, las manzanas y las peras.

Se trocean y se ponen en una cacerola al fuego. Se deja que se hagan por lo menos dos horas, removiendo de vez en cuando con una cuchara de madera; se retiran del fuego y se pasan por el cedazo.

Se recoge la pulpa en la cacerola y se lleva al fuego una hora más o hasta que la mermelada tenga la consistencia adecuada. Se retira del fuego, se deja enfriar un poco y se vierte en recipientes de cristal.

— Consejo —

Esta mermelada debe consumirse pronto, porque se mantiene difícilmente. Para alargar el periodo de conservación, deben añadirse 500 g de azúcar por cada kilo de fruta.

Mermelada de alquequenje

Ingredientes para un bote
1 kg de pulpa de alquequenjes
1 naranja o 1 limón
3-4 bayas de enebro
800 g de azúcar

Preparación: *30 minutos*
Cocinado: *20 minutos*

Se lava la fruta y se pasa por el pasapurés (se necesitará por lo menos 1 kg de pulpa). Se añade el azúcar, los gajos de la naranja o del limón, el zumo que han soltado los alquequenjes y el enebro.

Se lleva a ebullición lentamente y se deja que se haga todo hasta que alcance la consistencia deseada.

Se envasa; se cierran los botes herméticamente y se esterilizan durante 20 minutos.

Mermelada de remolacha

Ingredientes para 2 botes
1 kg de remolacha roja cruda
la corteza rallada y el zumo de 2 limones
1/2 vaina de vainilla
1 vaso de vino blanco
400 g de azúcar

Preparación: *30 minutos*
Cocinado: *20 minutos*

Se asan en el horno las remolachas, se deja que se entibien, se deshojan, se cortan en trozos y se pasan por el pasapurés.

Se añade el azúcar, la corteza rallada y el zumo de los limones, la vainilla y el vino. Se vierte todo en una cacerola, se remueve, se lleva a ebullición y se deja que se haga hasta lograr la densidad adecuada.

Se envasa; se dejan enfriar los botes, se cierran herméticamente y se esterilizan durante 15 minutos.

Mermelada de kiwi al licor

Ingredientes para 3 botes
2 kg de kiwis
1/2 vasito de ron
1 kg de azúcar

Preparación: *25 minutos*
Cocinado: *20 minutos*

Se pelan los kiwis, se cortan en taquitos, se ponen en una cacerola de acero inoxidable, se añade el azúcar, se remueve todo y se deja en infusión durante 3 horas.

Se lleva a ebullición y se deja que se haga 5 minutos. Se vierte el ron (o el licor que se prefiera) y se envasa; se cierran los botes herméticamente y se esterilizan durante 10 minutos.

Mermelada de manzana y laurel

Ingredientes para 2 botes
1 kg de manzanas
200 g de laurel
1 vaso de vino blanco dulce
700 g de azúcar

Preparación: *25 minutos*
Cocinado: *30 minutos*

Se lavan las manzanas, se cortan en trozos pequeños y se ponen en una cacerola con el vino.

Se lavan las hojas de laurel y se introducen en un saquito de gasa, reservando aparte 2 hojas. Se pone el saquito junto con las manzanas y se lleva todo a ebullición; se deja en el fuego durante 20 minutos y luego se retira el saquito.

Se deja entibiar el preparado, se pasa por el pasapurés y se vierte de nuevo en la cacerola, junto con el azúcar. Se remueve, se deja que se haga despacio y se mantiene en el fuego hasta alcanzar la consistencia adecuada.

Se vierte en los tarros, que se dejan enfriar. En la superficie de la confitura, se pone una hoja de laurel y se cierran los botes herméticamente.

Se esterilizan al baño María durante 20 minutos.

Mermelada de manzana al café

Ingredientes para 2 botes y medio
3 tacitas de café fuerte
3 cucharadas de café soluble
1 kg de manzanas
la corteza rallada y el zumo de un limón
1 vaso pequeño de calvados
800 g de azúcar

Preparación: *25 minutos*
Cocinado: *una hora*

Se trocean las manzanas para obtener 1 kg de pulpa. Se introduce en una cacerola de acero inoxidable con la corteza rallada y el zumo del limón, el azúcar y el café (el líquido y el soluble).

Se lleva a ebullición lentamente y se deja en el fuego, removiendo a menudo, durante una hora. Se deja entibiar, se pasa por el pasapurés y se vierte de nuevo en la cacerola; se deja a fuego medio hasta obtener la densidad deseada.

Cuando el preparado esté tibio, se agrega un vasito de calvados, se remueve y se envasa; se cierran los botes herméticamente y se esterilizan al baño María durante 20 minutos.

Mermelada de manzana al chocolate

Ingredientes para 2 botes
1,5 kg de manzanas
la corteza rallada y el zumo de un limón
40 g de cacao
1 vaina de vainilla
1 cucharadita de calvados
700 g de azúcar

Preparación: *20 minutos*
Cocinado: *25 minutos*

Se lavan y se trocean las manzanas, quitándoles los corazones.

Se colocan en una cacerola de acero inoxidable y se riegan con el zumo del limón.

Aparte, se mezcla el azúcar con el cacao; se añade la corteza rallada del limón, y se incorpora todo ello a las manzanas, junto con la vainilla.

Se lleva lentamente a ebullición, siempre removiendo cuidadosamente, y se deja en el fuego hasta obtener la densidad deseada.

Se deja entibiar, se tritura con el pasapurés, se incorpora el calvados y se envasa; se cierran los botes herméticamente y se esterilizan al baño María durante 20 minutos.

Mermelada de manzana al coco

Ingredientes para 3 botes
2 kg de manzanas
1 vaso de agua
la corteza y el zumo de 2 limones orgánicos
250 g de coco deshidratado
1 vaso pequeño de calvados
1,5 kg de azúcar

Preparación: *25 minutos*
Cocinado: *30 minutos*

Se lavan y se trocean las manzanas, quitando los corazones. Se colocan en una cacerola de acero inoxidable con el agua y se deja todo a fuego lento hasta que la fruta se deshaga.

Se deja entibiar, se tritura con el pasapurés y se pone de nuevo en la cacerola con el azúcar, la corteza y el zumo de los limones y el coco. Se remueve y se deja que se haga a fuego moderado hasta obtener la consistencia adecuada (aproximadamente unos 15 minutos).

Se incorpora el calvados y se envasa; se deja que los botes se enfríen, se cierran herméticamente y se esterilizan al baño María durante 20 minutos.

Mermelada de manzana y pasas

Ingredientes para 3 botes
2 kg de manzanas
1 vaso de agua
la corteza y el zumo de una naranja orgánica
300 g de pasas de Corinto
2 vasitos de ron
1,5 kg de azúcar

Preparación: *25 minutos*
Cocinado: *25 minutos*

Se remojan las pasas en agua tibia y un poco de ron hasta que se ablanden. Se escurren.

Se lavan y se trocean las manzanas, quitándoles los corazones. Se colocan en una cacerola de acero inoxidable con un vaso de agua y se dejan a fuego lento junto con las pasas hasta que se deshagan.

Se deja entibiar todo, se tritura con el pasapurés y se pone de nuevo en la cacerola con el azúcar y la corteza y el zumo de la naranja. Se mezcla y se deja a fuego medio hasta obtener la consistencia adecuada.

Se incorpora el resto del ron y se envasa; se dejan enfriar los botes, se cierran herméticamente y se esterilizan.

Mermelada de membrillo con pistacho y avellana

Ingredientes para 3 botes
2 kg de membrillos maduros
agua acidulada
la corteza rallada y el zumo de 2 limones
200 g de pistachos y avellanas
1 vasito de limoncello
2 kg de azúcar moreno

Preparación: *30 minutos*
Cocinado: *30 minutos*

Se lavan los membrillos, se cortan en trozos y se introducen en un recipiente con agua acidulada para que no se ennegrezcan. Se escurren, se ponen en una cacerola de acero inoxidable, se cubren con agua y se llevan a ebullición, dejándolos en el fuego hasta que se deshaga la pulpa.

Se pasa por el pasapurés y se pone de nuevo el puré obtenido en la cacerola con el azúcar y la corteza rallada y el zumo de los limones; se añaden los pistachos y las avellanas picados.

Se deja que se haga todo a fuego lento, removiendo a menudo, hasta obtener la densidad adecuada.

Se aromatiza con el *limoncello* y se envasa; se dejan enfriar los botes, se cierran herméticamente y se esterilizan al baño María durante 20 minutos.

Mermelada de mango y pera

Ingredientes para 4 botes
4-5 mangos
1,5 kg de peras
el zumo de un limón
jengibre seco rallado
2 clavos de olor
azúcar

Preparación: *25 minutos*
Cocinado: *30 minutos*

Se pelan los mangos y se corta la pulpa en daditos. Se hace lo mismo con las peras, que se regarán con el zumo del limón.

Se pesa todo, se pone en una cacerola de acero inoxidable junto con el mismo peso en azúcar, se añade una pizca de jengibre seco rallado y los clavos molidos.

Se remueve, se lleva a ebullición y se deja en el fuego durante 15 minutos. Se envasa; se cierran los botes herméticamente y se esterilizan durante 10 minutos.

Mermelada de pera al caramelo

Ingredientes para 3 botes
1,5 kg de peras
2 vasitos de vino
la corteza de un limón orgánico
50 g de mantequilla
1 kg de azúcar

Preparación: *25 minutos*
Cocinado: *80 minutos*

Se lavan las peras y se cortan en trozos pequeños; se reservan unos cuantos y se pone el resto en una cacerola con 800 g de azúcar y el vino.

Se lleva a ebullición a fuego lento y se deja que se haga durante una hora aproximadamente, removiendo hasta obtener un compuesto blando; una vez tibia, se pasa por el pasapurés.

A los trozos de pera reservados se les añade el resto del azúcar, la corteza de un limón orgánico y la mantequilla. Se lleva a fuego lento, removiendo despacio. Con ello los trozos de pera casi deben caramelizar.

Se incorpora la pera caramelizada al puré y se envasa; se dejan enfriar los botes, se cierran herméticamente y se esterilizan durante 20 minutos.

Mermelada de pera y nuez

Ingredientes para 2 botes
1 kg de peras
100 g de nueces peladas
10 g de canela
500 g de azúcar refinado

Preparación: *20 minutos*
Cocinado: *30 minutos*

Se lavan, se pelan y se cortan las peras, eliminando el corazón.

Se escaldan ligeramente las nueces en agua hirviendo y se les quita la piel que las recubre.

En una cacerola, se ponen las peras y las nueces troceadas y se hacen a fuego lento hasta que la pulpa de la fruta se ablande. A continuación, se agrega el azúcar y se remueve hasta que se disuelva.

Se prosigue a fuego lento hasta que empiece a hervir; en ese momento, se sube el fuego y, sin dejar de remover, se espera a que espese. Se bate y se pone nuevamente en el fuego, se añade la canela y se espuma.

Se deja entibiar, se envasa y se esterilizan los botes.

CONSEJO: las nueces también pueden añadirse enteras justo antes de servir la mermelada.

Mermelada de naranja y piña

Ingredientes para 2 botes
*1 kg de naranjas
250 g de piña
el zumo de un limón
una pizca de jengibre seco
1 kg de azúcar*

Preparación: *40 minutos*
Cocinado: *30 minutos*

Se lavan y se pelan las naranjas, reservando las cortezas. Se elimina la piel blanca, se corta la pulpa reservando el zumo, se añade a las cortezas y se pesa todo, para obtener 750 g de compuesto.

Se agrega la piña cortada en dados. Se incorpora el azúcar, el zumo del limón y el jengibre.

Se remueve, se lleva a ebullición y se deja que se haga durante 15 minutos.

Se envasa; se cierran los botes herméticamente y se esterilizan durante 10 minutos.

Mermelada de naranja

Ingredientes para 2 botes
1 kg de naranjas
1 limón
1 cucharada de azúcar avainillado
1 cucharada de coñac o calvados
1 kg de azúcar

Preparación: *25 minutos*
Cocinado: *30 minutos*

Se pelan las naranjas y el limón, se quita toda la parte blanca y las pepitas y se corta la pulpa en lonchas, eliminando bien las pieles.

Se pone todo en una cacerola de acero inoxidable con las pepitas de la fruta envueltas en una gasa y los dos tipos de azúcar. Se lleva a ebullición, se reduce la llama y se deja que se haga hasta obtener la consistencia deseada.

Se retira la gasa con las pepitas y se deja entibiar.

Se agrega el licor y se envasa; se cierran los botes herméticamente y se esterilizan durante 20 minutos.

Mermelada de naranja y zanahoria

Ingredientes para 2 botes
1 kg de naranjas
250 g de zanahorias
el zumo de un limón
10 g de cominos
1 kg de azúcar

Preparación: *20 minutos*
Cocinado: *30 minutos*

Se lavan las naranjas y se pelan, reservando las cortezas. Se elimina la piel blanca, se corta la pulpa recogiendo el zumo, se añade a las cortezas y se pesa todo (deben obtenerse 750 g de compuesto).

Se pelan las zanahorias y se rallan. Se añaden al preparado y se agrega el azúcar, el zumo del limón y el comino.

Se remueve, se lleva a ebullición y se deja que se haga hasta obtener la densidad deseada.

Se envasa; se cierran los botes y se esterilizan.

Mermelada a las tres frutas

Ingredientes para 2 botes
2 pomelos
2 naranjas
4 limones
400 ml de agua
2,7 kg de azúcar

Preparación: *30 minutos*
Cocinado: *2 horas*

Se corta en tiras finas la corteza de los cítricos sin la piel blanca. Se eliminan las pepitas de la fruta y se introducen en una bolsita de gasa. Se corta en trozos la pulpa de los cítricos.

En una cacerola, con las cortezas, la bolsita de gasa con las pepitas, la pulpa de la fruta y el agua, se deja que se haga todo a fuego lento durante una hora y media. Se retira la bolsita, se añade el azúcar y se remueve bien hasta que esté disuelto.

Se sube la llama y se deja que se siga haciendo todo a fuego vivo durante 15-20 minutos: la mermelada debe alcanzar los 105 °C. Se deja reposar 10 minutos.

Se remueve bien y se dispone en los tarros; se cierran y se esterilizan.

Mermelada de plátano aromatizada

Ingredientes para 2 botes
2 pomelos
2 naranjas
4 plátanos
100 g de almendras peladas
50 g de jengibre en almíbar troceado
1 grano de anís estrellado
2-3 cucharadas de jarabe de granadina o de guinda
azúcar

Preparación: *30 minutos*
Cocinado: *30 minutos*

Se lavan los cítricos; luego, se reserva la piel de las naranjas, se mondan los pomelos, se eliminan las pepitas y todas las pieles de la fruta y se corta en trocitos, recogiendo el jugo.

Se vierte todo en una cacerola de acero inoxidable; se añaden los plátanos pelados y troceados, las almendras trituradas, el jengibre, el jarabe y el anís.

Se pesa y se añade la misma cantidad en azúcar; se remueve todo, se lleva a ebullición y se deja que se haga durante 20 minutos. Se retira el grano de anís estrellado.

Se envasa al momento; se cierran los botes herméticamente y se esterilizan durante 10 minutos.

Confituras

Al igual que las mermeladas, la elaboración de las confituras nació del deseo de conservar la fruta para poder consumirla durante todo el año y no sólo en la temporada de recolección. La llegada del azúcar a Europa, de mano de los árabes, supuso una auténtica revolución en la elaboración de estos dulces.

Mermelada y confitura son términos que con frecuencia se consideran erróneamente como sinónimos. La textura final del producto obtenido es claramente diferente, ya que en la confitura los trozos de la fruta son perceptibles.

Algunas personas consideran que la única diferencia consiste en la cantidad de azúcar utilizada en la preparación, pero el criterio de clasificación más aceptado señala que la confitura se obtiene a partir de frutas enteras o troceadas hechas en almíbar, mientras que las mermeladas se elaboran con frutas trituradas o maceradas en azúcar y posteriormente cocinadas.

A lo largo de la historia, el deseo por mantener las características propias de la fruta (forma, sabor y textura) en aquellas que se destinaban a su conservación hizo evolucionar la preparación de la confitura de fruta hasta llegar a la fruta confitada y escarchada. Aunque el sistema empleado es similar, ya que requiere que se haga la fruta en almíbar, el proceso es mucho más lento, porque necesita pasar lapsos cortos de tiempo en el fuego combinados con periodos de reposo largo en almíbar cada vez más denso.

Otros modos de conservación de frutas con los que se obtienen productos similares a las confituras prevén, además de que se hagan con azúcar, la adición de licores, como el ron, el *brandy*, etc., o el uso de especias.

De manera general, aunque pueden darse algunas diferencias dependiendo de la receta, las confituras se preparan elaborando en primer lugar un almíbar con una proporción de 250 ml de agua por cada kilo de azúcar. Una vez alcanzado el punto de bola, se sumergen los trozos de fruta y se prosigue durante un tiempo variable que dependerá de la materia prima empleada, pero que es más corto que en el caso de las mermeladas. La textura final que debe presentar la fruta tiene que ser blanda, sin que en ningún caso llegue a deshacerse completamente.

Confitura de fresa silvestre

Ingredientes para 2 botes
1 kg de fresas silvestres
250 ml de vodka
750 g de azúcar

Preparación: *30 minutos*
Cocinado: *30 minutos + el tiempo de maceración*

Para empezar, se limpian cuidadosamente las fresas con un paño húmedo.

A continuación, en un recipiente adecuado, se alternan capas de azúcar y fresas, teniendo en cuenta que la primera y la última sean de azúcar. Se incorpora el vodka, se tapa con un paño de cocina fino y se deja en reposo durante 12 horas.

Transcurrido este tiempo, se cuela la preparación, se recoge el zumo y, en una cacerola apropiada, se lleva a ebullición. Cuando empieza a hervir, se incorporan las fresas, se espera a que rompa a hervir de nuevo y se deja al fuego durante unos minutos más para que adquiera la consistencia deseada.

Se aparta el recipiente del fuego, se deja reposar unos minutos, se espuma y se envasa. Una vez cerrados los botes, se mantienen al baño María durante 15 minutos.

Confitura de melón

Ingredientes para un bote y medio
1 kg de melón
125 ml de agua
4 cucharadas de sal
1 kg de azúcar

Preparación: *15 minutos + el tiempo de maceración*
Cocinado: *3 horas + el tiempo de reposo*

Se corta el melón en trozos no demasiado pequeños, se disponen en un bol, se cubren con agua y se añade la sal. Es importante que la fruta quede completamente sumergida durante las 12 horas que debe permanecer en esta solución.

Transcurrido este tiempo, se retira la fruta del agua, se escurre con mucho cuidado y se traslada a una cacerola en la que estarán hirviendo los 125 ml de agua limpia. Se deja que se haga la fruta a fuego medio durante unos 20 minutos o hasta que esté blanda.

A continuación, se retira la fruta, se baña en un bol con agua fría, se escurre y se dispone en una cacerola.

Se elabora un almíbar a punto fuerte hirviendo durante unos 5 minutos el agua y el azúcar y, una vez conseguida la densidad deseada, se vierte sobre la fruta procurando que quede totalmente cubierta. Se deja en reposo 12 horas y se hace en su propio jarabe, a fuego lento, durante unas 2 horas o hasta que la fruta empiece a transparentar.

Una vez hecha, se retira la fruta con mucho cuidado y se dispone en el interior de los botes de conserva, se agrega el almíbar y se cierran.

Para finalizar, deben mantenerse al baño María durante unos 15 minutos.

Confitura de flores

Ingredientes para medio bote
100 g de pétalos de flores
100 ml de agua
300 g de azúcar

Preparación: *10 minutos*
Cocinado: *20 minutos*

Esta confitura puede elaborarse con flores de romero, salvia, jazmín, violeta, rosa, naranja o acacia, e incluso puede prepararse combinando distintas flores, aunque la confitura de un solo tipo de flor resulta más exquisita.

Se pone en una cacerola el agua con azúcar, se lleva a ebullición hasta que empiece a formarse el almíbar, se añaden los pétalos, removiendo continuamente, y se deja que se haga todo lentamente durante 5 minutos.

Se repite el mismo proceso a fuego lento 5 minutos dos veces al día durante dos días consecutivos. Debe obtenerse una masa blanda. Se envasa en caliente; se dejan enfriar los botes y se cierran herméticamente.

Confitura de fresa y naranja

Ingredientes para 2 botes
500 g de fresas
125 ml de zumo de naranja
3 cucharadas de jalea de manzana
1 cucharada de zumo de naranja
500 g de azúcar

Preparación: *15 minutos*
Cocinado: *40 minutos*

En primer lugar, se eliminan los pedúnculos de las fresas, se lavan y se secan cuidadosamente con un paño limpio.

A continuación, se elabora un almíbar a punto de perla con los 125 ml de zumo de naranja y el azúcar. Una vez llegado este punto, se sumergen las fresas en la cacerola y, cuando la preparación empieza a hervir, se dejan en el fuego 3 minutos más; luego, se retiran con una espátula y se distribuyen en los tarros.

Se incorpora al almíbar la jalea de manzana y una cucharada de zumo de naranja, se lleva de nuevo a punto de perla y se vierte sobre las fresas. Se tapan los envases y se mantienen en posición invertida durante 24 horas.

Confitura de sandía y melón

Ingredientes para 4 botes
1 kg de sandía limpia
1,5 kg de melón con cáscara
1,750 kg de azúcar

Preparación: *15 minutos*
Cocinado: *35 minutos*

Se elimina la cáscara de la sandía; a continuación, las pepitas de la sandía y del melón. Se cortan en dados ambas frutas.

En una cacerola adecuada para confitura, se dispone la fruta y el azúcar y se hace a fuego vivo, durante 35 minutos; se rebaja la intensidad del fuego a medida que avance el tiempo. Se remueve de vez en cuando con una cuchara de palo.

Cuando la cáscara del melón esté transparente, se retira la confitura del fuego, se deja enfriar y se vierte en botes de cristal, los cuales se mantendrán en posición invertida durante 24 horas.

Confitura de ciruela damascena

Ingredientes para 2 botes
1,2 kg de ciruelas damascenas
1 ramita de canela
200 ml de agua
1 kg de azúcar glas

Preparación: *30 minutos*
Cocinado: *40 minutos*

Una vez limpias las ciruelas, se retiran los huesos.

A continuación, se elabora un almíbar hirviendo el agua junto con el azúcar y la canela. Cuando el almíbar empieza a transparentar, se aviva la llama y se deja en el fuego hasta obtener la densidad adecuada.

Llegado este punto, se añaden las ciruelas y se deja que se hagan a fuego moderado. Debe espumarse a medida que vaya formándose. Transcurridos 20 minutos, se retira la canela y se saca una cucharadita del preparado. Se vierten unas gotas sobre un plato frío y, si cuajan inmediatamente, significa que la confitura está ya hecha.

Finalmente, se retira el preparado del fuego y se distribuye en los botes de conserva, que se tapan y se mantienen en posición invertida durante 24 horas.

Confitura de zanahoria y pera

Ingredientes para un bote y medio
750 g de peras
250 g de zanahorias
250 g de miel
1 cucharada de vainillina azucarada
3 cucharadas de zumo de limón
1 ramita de canela
1 kg de azúcar

Preparación: *30 minutos*
Cocinado: *una hora y 15 minutos*

Se pelan las peras, se eliminan los corazones, se rocían con un poco de limón y se dejan en agua.

A continuación, se pelan las zanahorias y se rallan; se escurren las peras y se trituran con una batidora.

En una cacerola para confitura, se dispone la miel, las peras, las zanahorias, el azúcar, el zumo de limón, la canela y la vainillina. Se hace todo a fuego suave, sin dejar de remover con una cuchara de palo, durante 60 minutos o hasta que se haya evaporado todo el líquido.

Finalmente, se vierte la confitura en los tarros de conserva; se cierran y se dejan en posición invertida durante 24 horas.

Confitura de uva negra con pera

Ingredientes para 2 botes
1 kg de uvas negras
100 ml de agua
3 peras
500 g de azúcar

Preparación: *30 minutos*
Cocinado: *una hora*

Una vez limpias las uvas, se pasan por la licuadora para obtener el zumo. Se dispone en una cacerola junto con el azúcar y se deja al fuego hasta que se reduzca a la mitad.

Llegado este punto y sin dejar de remover, se añaden las peras troceadas y el agua.

Se deja en el fuego y, cuando se haya reducido hasta las dos terceras partes de su volumen, se retira y se vierte en tarros. Para asegurar su esterilización, se mantendrán los envases en posición invertida durante 24 horas.

Confitura de fresa

Ingredientes para 2 botes
1 kg de fresas maduras
el zumo de un limón
1 kg de azúcar

Preparación: *20 minutos + el tiempo de maceración*
Cocinado: *15 minutos*

Una vez lavadas las fresas bajo un chorro de agua fría, se eliminan los pedúnculos y se deja macerar la fruta, espolvoreada con azúcar, durante 12 horas.

Transcurrido este tiempo, se meten en una cacerola adecuada, se añade el zumo del limón, se remueve bien con una cuchara de palo y se deja hervir durante 5 minutos. Se retiran después las fresas y se reservan.

Se reduce el jarabe durante 5 minutos, se incorporan las fresas otros 5 minutos más y se repite esta operación dos veces. Al final, se elimina la espuma que haya quedado.

Elaborada ya la confitura, se reparte en tarros, que se mantendrán en posición invertida durante 24 horas.

Confitura de ciruela claudia con manzana

Ingredientes para 4 botes
1,5 kg de ciruelas claudias
500 g de manzanas ácidas
300 ml de agua
1,5 kg de azúcar

Preparación: *30 minutos*
Cocinado: *40 minutos*

En una cacerola al fuego, se prepara un almíbar con el azúcar y el agua, a fuego moderado hasta que se formen burbujas en la superficie.

A continuación, se añaden las ciruelas partidas por la mitad y deshuesadas y las manzanas peladas, sin semillas y cortadas en láminas.

Tras 10 minutos en el fuego, se filtra el jarabe, se coloca en otra cacerola y se hace reducir hasta obtener una consistencia de jalea.

Por último, se añade la pulpa de la fruta y se deja en el fuego durante unos minutos más.

Se deja enfriar un poco y se vierte en botes de conserva, que, una vez bien cerrados, se mantienen en posición invertida durante 24 horas.

Confitura de calabacín

Ingredientes para 2 botes
1 kg de calabacines
4 vasos de zumo de manzana
la corteza y el zumo de un limón
1 vaina de vainilla
800 g de azúcar

Preparación: *20 minutos*
Cocinado: *30 minutos*

Se pelan los calabacines, se parten por la mitad, se les quitan las semillas y los filamentos, se trocean y se ponen en una cacerola con el azúcar y el zumo de manzana.

Se deja a fuego lento, removiendo a menudo hasta que el líquido se haya condensado. Se añade la corteza y el zumo del limón y la vainilla.

Se deja al fuego unos minutos más; luego, se envasa; se dejan enfriar los botes, se cierran herméticamente y se esterilizan durante 20 minutos.

Confitura de frutos rojos

Ingredientes para 4 botes
500 g de cerezas
500 g de fresas
500 g de frambuesas
500 ml de agua
1,7 kg de azúcar

Preparación: *20 minutos*
Cocinado: *40 minutos*

Una vez limpias todas las frutas, se eliminan los peciolos y los huesos. A continuación, con el agua y el azúcar, se elabora un almíbar a punto de bola blanda. Se incorporan las cerezas y se deja que se hagan durante 20 minutos a fuego vivo.

Transcurrido este tiempo, se espuma, se añaden las fresas y se prosigue con la fruta en el fuego durante 15 minutos más.

Después, se añaden las grosellas y las frambuesas y se hacen durante 5 minutos sin dejar de espumar.

Se vierte la confitura en los tarros, que se mantendrán en posición invertida durante 24 horas.

Confitura de frambuesa

Ingredientes para un bote y medio
500 g de frambuesas
125 ml de agua
3 cucharadas de jalea de manzana
500 g de azúcar

Preparación: *15 minutos*
Cocinado: *30 minutos*

Se limpian bien las frambuesas con un paño húmedo.

A continuación, se elabora un almíbar a punto de bola flojo con el agua y el azúcar.

Cuando está listo, se introduce la fruta y, transcurridos unos 3 minutos desde que vuelve a hervir, se retira con una espumadera.

A continuación, se reparten las frambuesas en los envases y se dejan en reposo.

Mientras, se añade al almíbar la jalea de manzana, se vuelve a llevar a punto de hebra flojo y, una vez conseguido, se vierte sobre las frutas.

Después de cerrar los tarros, se mantienen en posición invertida durante 24 horas.

Confitura de limón, sandía y naranja

Ingredientes para 4 botes
5 naranjas
3 limones
2 kg de sandía
150 ml de agua
azúcar

Preparación: *una hora*
Cocinado: *una hora y 30 minutos*

Se retira la capa superficial de la corteza de los cítricos evitando cortar la parte blanca tanto como sea posible.

A continuación, se blanquean las cortezas sumergiéndolas en un bol con agua hirviendo y luego se cortan en pequeñas tiras.

Después, se exprimen las naranjas y los limones y se reserva el zumo y la pulpa.

Se corta la sandía en dados; a continuación, se llevan al fuego, en una cacerola adecuada, la sandía y el zumo y la pulpa de los cítricos, durante 20 minutos.

Transcurrido este tiempo, se agregan las tirillas de la piel de naranja y limón y se prosigue en el fuego durante 5 minutos más.

Se pesa el preparado y, por cada kilo, se añaden 750 g de azúcar. Se lleva de nuevo al fuego la confitura y se deja durante 60 minutos más a fuego medio.

Cuando se ha obtenido la textura deseada, se retira del fuego y se distribuye en tarros, que, una vez tapados, se mantendrán invertidos durante 24 horas.

Confitura de tomate verde

Ingredientes para 2 botes
1 kg de tomates verdes
la corteza y el zumo de un limón
ron
1,7 kg de azúcar

Preparación: *15 minutos*
Cocinado: *2 horas y 30 minutos*

Una vez limpios los tomates, se abren por la mitad, se eliminan las semillas y se cortan en dados.

A continuación, se disponen en una cacerola para confitura, junto con el azúcar y la corteza y el zumo del limón. Se lleva todo al fuego y se deja que se haga durante 2 horas, removiendo a menudo con una cuchara de palo.

Cuando la confitura ha alcanzado la textura deseada, se añade el ron y se reparte en los envases; se cierran y se mantienen en posición invertida durante 24 horas.

Confitura de melón, jengibre y limón

Ingredientes para un bote
1 melón
150 g de jengibre fresco
la corteza y el zumo de 2 limones
1 vaso de cava
1/2 ramita de canela
azúcar

Preparación: *15 minutos*
Cocinado: *20 minutos*

Se elimina la cáscara del melón, junto con las pepitas y los filamentos, y se corta en dados; se pela el jengibre y se ralla.

Se añade el melón y el jengibre a la corteza y el zumo de los limones, el cava y la canela. Se pesa y se añade el mismo peso en azúcar; se coloca todo en una cacerola de acero inoxidable, se remueve y se deja en infusión una hora.

Se lleva a ebullición a fuego vivo y se deja que se haga durante 10 minutos.

Se envasa; se cierran los botes herméticamente y se esterilizan durante 15 minutos.

Confitura de manzana

Ingredientes para 3 botes
2 kg de manzanas ácidas
el zumo de 1/2 limón
300 ml de agua
50 g de mantequilla
1 vaina de vainilla
una pizca de sal
700 g de azúcar

Preparación: *30 minutos*
Cocinado: *30 minutos*

Una vez limpias las manzanas, se mondan y se eliminan las pepitas, pero sin tirar estos restos.

En una cacerola adecuada, se acomodan las manzanas troceadas, se añade el zumo de limón y la vainilla obtenida después de abrir la vaina y rasparla. Se mezcla todo bien y se deja en reposo.

A continuación, en una cacerola con agua, se hierven la piel de las manzanas y las pepitas durante 5 minutos. El jugo extraído tras pasar todo esto por un colador se le añade al azúcar y se hace todo a fuego vivo hasta obtener un caramelo oscuro. Llegado este punto, se añade la mantequilla y una pizca de sal y se mezcla todo bien.

El caramelo obtenido se vierte sobre las manzanas que se han reservado, se remueve bien y se hace a fuego vivo durante 5 minutos.

Transcurrido este tiempo, se prosigue a fuego medio durante unos 20 minutos más.

Finalmente, se rellenan los envases con la confitura; se tapan y se mantienen invertidos durante 24 horas.

Confitura de uva blanca

Ingredientes para 2 botes
1 kg de uvas blancas
100 ml de agua
500 g de azúcar

Preparación: *25 minutos*
Cocinado: *20 minutos*

Se limpian las uvas y se retiran todas las pepitas con mucho cuidado.

A continuación, en una cacerola al fuego con el azúcar y el agua, se elabora un almíbar. Cuando rompa a hervir, se agrega la fruta y se deja que hierva unos 5 minutos más.

Transcurrido este tiempo, se comprueba que la confitura haya alcanzado la densidad deseada y se vierte en los envases. Después de cerrarlos bien, se mantienen en posición invertida durante 24 horas.

Confitura de naranja amarga

Ingredientes para 2 botes y medio
1,5 kg de naranjas
2 limones
3 g de jengibre fresco
0,5 g de cardamomo
1,2 kg de azúcar

Preparación: *30 minutos*
Cocinado: *una hora*

Se lavan los cítricos y, enteros, se ponen a hervir durante unos 30 minutos.

Transcurrido este tiempo, se retiran del agua, se disponen en un cuenco y se enfrían durante 15 minutos bajo el chorro de agua fría.

Después, se cortan en rodajas, se eliminan las pepitas y se recupera el zumo en un bol.

Una vez eliminadas las puntas, se reserva una cuarta parte de las naranjas partida por la mitad.

Se corta el resto, de naranjas y limones, en trocitos y se exprimen en el bol que contiene el zumo.

Para elaborar el almíbar, se disuelve el azúcar en una cacerola con agua y se deja hervir hasta que llegue a 115 °C. Se añade el zumo de los cítricos y se prosigue la ebullición para llegar a 112 °C.

Finalmente, se agregan las naranjas cortadas, el cardamomo y el jengibre y se deja en el fuego hasta que alcance un punto de hebra fuerte.

Se distribuye la confitura en botes de conserva y, después de cerrados, se mantienen invertidos durante 24 horas.

Confitura de rosa

Ingredientes para un bote y medio
450 g de pétalos de rosas rojas
310 ml de agua
1 cucharada de zumo de limón
3 cucharadas de agua de rosas
750 g de azúcar

Preparación: *40 minutos*
Cocinado: *40 minutos*

Se elimina la uña blanca de los pétalos de rosa. En una cazuela de barro, se disponen los pétalos desmenuzados con la mitad del azúcar y se dejan reposar 24 horas.

En una cacerola grande, se cocina a fuego lento el resto del azúcar con el agua y el zumo de limón, removiendo hasta que se haya disuelto completamente.

Se incorporan los pétalos con el agua que han soltado, se sube la llama y se deja que se hagan a fuego vivo durante unos 20 minutos. Se retira del fuego, se añade el agua de rosas y se mezcla todo bien. Se espuma y se deja reposar durante 5-10 minutos.

Se llenan los recipientes con la confitura caliente, se cierran y se esterilizan durante 10 minutos.

Confitura de violeta

Ingredientes para un bote
1 plato de violetas
60 ml de agua
250 g de azúcar

Preparación: *10 minutos*
Cocinado: *20 minutos*

Se limpian bien las violetas eliminando completamente el tallo y el cáliz.

A continuación, se elabora un almíbar a punto de hebra fuerte con el agua y el azúcar.

Llegado este punto, se agregan las violetas y se saltean para que queden bien rebozadas con el almíbar.

Se retira del fuego y se remueve con una cuchara de palo para que las flores acaben de impregnarse bien con el azúcar.

Finalmente, se vuelcan sobre un tamiz para eliminar el azúcar sobrante. Se disponen en tarros de conserva, que se cierran y se mantienen 24 horas en posición invertida.

Confitura de higo

Ingredientes para 4 botes
2 kg de higos
la corteza y el zumo de 3 limones
1/2 vaina de vainilla
2 clavos de olor
2 granos de cardamomo
2 kg de azúcar

Preparación: *30 minutos*
Cocinado: *una hora*

Se lavan los higos, se les quita el peciolo y se pinchan por distintos puntos con una aguja grande. Se disponen en una cacerola de acero inoxidable y se cubren con abundante agua. Se dejan en remojo durante tres días, cambiando el agua dos veces diariamente.

En otra cacerola, se pone el azúcar con medio litro de agua, la corteza y el zumo colado de los limones, la vainilla y las especias. Se lleva a ebullición, se espera a que se disuelva el azúcar, se incorporan los higos escurridos y, sin dejar de remover, se deja que se haga a fuego lento hasta que haya adquirido la consistencia de un jarabe y los higos estén caramelizados.

Se vierte en los recipientes; se dejan enfriar, se cierran herméticamente y se esterilizan durante 20 minutos.

Confitura de ruibarbo

Ingredientes para 2 botes y medio
600 g de ruibarbo
500 g de manzanas
1 naranja
el zumo de 2 limones
1 vaina de vainilla
600 g de azúcar

Preparación: *30 minutos*
Cocinado: *20 minutos + el tiempo de maceración*

Para empezar con la confitura, se elabora un almíbar con 150 g de azúcar y 75 ml de agua. A continuación, se incorpora la naranja cortada en rodajas y se confita a fuego lento. Después, se deja macerar durante 8 horas.

En una cacerola adecuada, se acomodan las rodajas de naranja con el almíbar, las manzanas peladas y cortadas en dados, el ruibarbo troceado, la vainilla, el zumo de los limones y el azúcar restante.

Se lleva al fuego y se deja así durante 10 minutos.

Transcurrido este tiempo, se espuma y se prosigue durante 5 minutos más.

Se vierte la confitura en los tarros; se cierran bien y se mantienen en posición invertida durante 24 horas.

Confitura de castaña a la vainilla

Ingredientes para un bote y medio
1 kg de castañas
1 sobre de vainilla
un puñado de sal gruesa
2 l de agua
1 vaso de coñac
750 g de azúcar

Preparación: *40 minutos*
Cocinado: *30 minutos*

En una cacerola grande, se pone el agua salada a hervir y se cuecen las castañas. Se cuelan, se mondan y, con un cuchillo afilado, se les quita la piel fina que las cubre.

En una cacerola, se vierte medio litro de agua, se añade el azúcar y se lleva a ebullición a fuego lento, removiendo para que se deshaga. Luego, se baja la llama y se deja así hasta que el jarabe haya espesado y se hayan formado bolas grandes. Se retira del fuego y se deja entibiar.

Mientras tanto, se pasan las castañas por el pasapurés y se añade la vainilla. Se vierte el puré en una cacerola y, removiendo, se incorpora el jarabe. Se vuelve a poner al fuego, con poca llama, y se deja así una hora aproximadamente. Cuando la preparación tenga la consistencia adecuada, se apaga el fuego, se deja que entibie y se agrega el coñac. Se envasa; se cierran los botes herméticamente y se esterilizan.

Confitura de calabaza con higo seco

Ingredientes para 3 botes y medio
400 g de peras
1/2 vaina de vainilla
400 g de manzanas
50 g de nueces peladas
800 g de calabaza
150 g de higos secos
1 limón
800 g de azúcar

Preparación: *25 minutos + el tiempo de maceración*
Cocinado: *60 minutos*

Se mondan las manzanas y las peras, se eliminan los corazones y se trocean. Se pela la calabaza, se limpia y se trocea.

En una cacerola, se disponen las manzanas, las peras y la calabaza, se espolvorea con el azúcar por capas y se añade la vaina de vainilla cortada longitudinalmente.

Se cubre con un paño limpio y se lleva a la nevera para que macere durante 12 horas.

Transcurrido este tiempo, se calienta el contenido de la cacerola a fuego muy suave y se deja que se haga todo durante 45 minutos o hasta que se ablande y espese.

Mientras, se lava el limón y se corta en rodajas finas.

Se añaden los higos enteros y las nueces troceadas y se deja en el fuego 15 minutos más, removiendo siempre con una cuchara de palo.

Una vez obtenida la textura de confitura deseada, se distribuye una rodaja de limón en el fondo de cada envase, se vierte la confitura y se dispone otra rodaja en la superficie.

Se cierran los botes y se mantienen en posición inversa durante 24 horas.

Confitura de melón y frambuesa

Ingredientes para 2 botes
700 g de melón
150 g de frambuesas
100 ml de agua
la corteza de un limón
500 g de azúcar

Preparación: *20 minutos*
Cocinado: *una hora y 40 minutos*

Una vez eliminadas la cáscara y las pepitas del melón, se corta la pulpa en dados.

En una cacerola adecuada, se elabora un almíbar con el azúcar y el agua. Cuando rompe a hervir, se añade el melón y se deja en el fuego durante unos 20 minutos.

A continuación, se agregan las frambuesas y la corteza del limón y se deja todo a fuego medio hasta que el líquido se evapore, una hora aproximadamente.

Cuando la confitura esté en su punto, se retira la corteza del limón, se espuma y se vierte en los tarros. Después de cerrarlos, se esterilizan al baño María durante unos minutos.

Confitura de kiwi y uva

Ingredientes para 2 botes
1 kg de kiwis
600 g de uvas
100 g de manzanas
300 g de vino blanco dulce
azúcar

Preparación: *30 minutos*
Cocinado: *30 minutos*

Se ponen en una cacerola los kiwis pelados y cortados en rodajas finas, las uvas lavadas y sin granos, la manzana rallada y el vino.

Se pesa y se añade el mismo peso en azúcar; se remueve todo y se deja en infusión durante 2-3 horas. Se lleva a ebullición, a fuego fuerte, y se deja que se haga durante 15 minutos.

Se envasa; se cierran los botes herméticamente y se esterilizan durante 10 minutos.

Confitura de tomate y zanahoria

Ingredientes para 2 botes
500 g de zanahorias
6 tomates
250 ml de agua
250 g de azúcar

Preparación: *20 minutos*
Cocinado: *30 minutos*

En una cacerola adecuada, se disponen las zanahorias, peladas y ralladas, el azúcar y el agua, y se deja todo a fuego suave durante 20 minutos.

Transcurrido este tiempo, se retira de la llama y se deja enfriar.

Mientras, se pelan los tomates sumergiéndolos en agua hirviendo durante un minuto. Se eliminan las semillas y se cortan en tiras. A continuación, se añaden al almíbar y se pone la cacerola de nuevo al fuego.

Se deja a fuego muy suave hasta que todos los ingredientes estén bien integrados sin que quede una textura muy densa.

Llegado este punto, se retira del fuego y se vierte la confitura en botes esterilizados; se cierran y se mantienen en posición invertida durante 24 horas.

Confitura de caqui y albaricoque seco

Ingredientes para 2 botes
1 kg de caquis
1/2 rama de vainilla
4 manzanas dulces
vino blanco
200 g de albaricoques secos
200 ml de vino dulce
un puñado de nueces peladas
800 g de azúcar

Preparación: *30 minutos*
Cocinado: *30 minutos*

Se ponen los caquis, limpios y pelados, en una cacerola con el azúcar, la vainilla y las manzanas lavadas y cortadas.

Se remueve y se deja todo en el fuego durante 30 minutos. Se deja entibiar, se retira la vainilla y se pasa todo por el pasapurés.

Se ponen los albaricoques en remojo en vino blanco durante una hora. Se cuelan, se cortan en trozos pequeños, deshuesándolos, y se incorporan al puré junto con el vino dulce.

Se lleva a ebullición y se deja que se haga hasta obtener la consistencia deseada. Poco antes de terminar, se incorporan las nueces peladas y trituradas. Se deja entibiar y se envasa; se cierran los botes herméticamente y se esterilizan durante 20 minutos.

Confitura de calabaza aromatizada con azahar

Ingredientes para un bote y medio
1 kg de calabaza amarilla
1/2 vaso de agua de azahar
50 g de jengibre en almíbar
1 kg de azúcar

Preparación: *20 minutos*
Cocinado: *3 horas*

Se pela la calabaza, se le quitan las semillas y los filamentos, se extrae la pulpa y se trocea.

En una cacerola de acero inoxidable, se vierte esta pulpa, el azúcar, el agua de azahar y el jengibre. Se mezcla, se pone al fuego, se lleva a ebullición y se baja la llama; se deja así durante 3 horas removiendo de vez en cuando. Si es necesario, se añade más agua de azahar. El resultado debe ser un compuesto meloso.

Se envasa; se dejan enfriar los botes, se cierran herméticamente y se esterilizan al baño María durante 20 minutos.

Confitura de limón

Ingredientes para un bote y medio
1 kg de limones
3 clavos de olor
azúcar

Preparación: *15 minutos + el tiempo de remojo*
Cocinado: *2 horas y 30 minutos + el tiempo de reposo*

Tras limpiar cuidadosamente los limones, se parten por la mitad, se eliminan las pepitas y se cortan en rodajas finas.

Se dejan en remojo cubiertos con abundante agua durante tres días, cambiándola tres veces diariamente.

Transcurrido este tiempo, se escurren, se pesan y se agrega la misma cantidad de su peso en azúcar.

Se dispone el preparado en una cacerola adecuada, se incorporan dos tazas de agua y los clavos de olor y se hace todo a fuego suave durante 60 minutos.

Se retira del fuego, se deja en reposo hasta el día siguiente y, a continuación, se vuelve a poner en el fuego durante 60 minutos más. Se deja en reposo de nuevo durante 24 horas y se lleva a fuego suave otra vez para que el almíbar espese y consiga la textura de confitura. Una vez conseguida, se rellenan los botes de conserva; se cierran y se mantienen en posición invertida durante 24 horas.

Confitura de piña y pomelo

Ingredientes para un bote
1 piña
zumo de pomelo
1/2 vaso pequeño de ron
1 kg de azúcar

Preparación: *30 minutos*
Cocinado: *25 minutos*

Se pela la piña, se corta en lonchas recogiendo el jugo, se acaba de trocear y se pesa.

Se agrega el zumo de pomelo recién exprimido para formar 1 kg exacto de compuesto. Se añade el azúcar, se remueve y se hace todo a fuego vivo durante 10 minutos.

Se apaga la llama, se incorpora el ron y se envasa; se cierran los botes herméticamente y se esterilizan durante 10 minutos.

Confitura de zanahoria

Ingredientes para medio bote
375 g de zanahoria limpia
10 cucharadas de agua
1 limón
1 naranja
azúcar

Preparación: *40 minutos + el tiempo de maceración*
Cocinado: *2 horas*

En una cacerola adecuada, se intercalan capas de zanahoria rallada, azúcar y las cortezas también ralladas del limón y de la naranja. Se lleva al frigorífico y se mantiene allí durante unas 12 horas.

Transcurrido este tiempo, se deja que se haga a fuego lento, con el agua, unas 2 horas, hasta que adquiera la textura de confitura.

Llegado este punto, se reparte la confitura en los tarros, que se mantendrán en posición invertida durante 24 horas.

Confitura de leche

Ingredientes para un bote
1 l de leche entera
1/2 vaina de vainilla
la corteza de un limón
la corteza de una naranja
800 g de azúcar

Preparación: *5 minutos*
Cocinado: *3 horas*

Se vierte todo en una cacerola de acero inoxidable, se mezcla, se lleva lentamente a ebullición y se deja que se haga hasta que el compuesto tenga la densidad de una crema y haya adquirido un tono ámbar.

Se envasa; se dejan enfriar los botes, se cierran herméticamente y se esterilizan al baño María durante 20 minutos.

Confitura de mora

Ingredientes para 2 botes
1 kg de moras
2 vasos de agua
el zumo de un limón
750 g de azúcar

Preparación: *15 minutos*
Cocinado: *35 minutos*

En una cacerola adecuada, se prepara un almíbar a punto de bola con el agua y el azúcar.

A continuación, se añaden las moras limpias y el zumo del limón y se prosigue, removiendo con frecuencia con una cuchara de madera, hasta que la confitura adquiera la textura deseada.

Finalmente, se vierte en botes de conserva, que se cierran y se mantienen en posición invertida durante 24 horas.

Confitura de fruta variada

Ingredientes para 4 botes
2 kg de fruta variada
1,3 kg de azúcar moreno

Preparación: *20 minutos*
Cocinado: *una hora*

Se lava y se seca la fruta. Se pasa la mitad por el pasapurés, se vierte en una cacerola de acero inoxidable junto con el azúcar, se lleva a ebullición y se deja en el fuego hasta que empiece a espesar.

Se añade la otra mitad de la fruta entera, se mezcla y se deja que se haga hasta obtener la consistencia adecuada.

Se llenan los tarros, se cierran herméticamente y se esterilizan durante 20 minutos.

Confitura de cabello de ángel

Ingredientes para un bote y medio
*1,5 kg de calabaza de cabello de ángel
la corteza de un limón
1 ramita de canela
1 kg de azúcar*

Preparación: *30 minutos + el tiempo de maceración*
Cocinado: *60 minutos*

Se corta la calabaza en trozos, se pela, se retiran las semillas y, por último, se corta en dados.

En una cacerola, se dispone la calabaza, el azúcar, la corteza del limón y la canela y se deja en maceración durante 3 horas.

Transcurrido este tiempo, se lleva la cacerola al fuego y se deja que se haga todo hasta que el preparado adquiera un tono dorado y el líquido se haya evaporado (aproximadamente unos 60 minutos).

A continuación, se vierte en tarros de conserva; se cierran y se someten al proceso de esterilización al baño María durante 30 minutos.

Confitura de mango

Ingredientes para 2 botes
2 peras
6 mangos
1 vaso de vino blanco
1/2 vaina de vainilla
azúcar moreno

Preparación: *30 minutos*
Cocinado: *40 minutos*

Se escogen 6 mangos bien maduros, se pelan y se corta la pulpa en dados, recogiendo el jugo; se pesa todo.

Se vierte en una cacerola de acero inoxidable la misma cantidad de azúcar y el vino.

Se disuelve removiendo y se lleva a fuego lento 10 minutos hasta obtener un almíbar claro. Se incorpora el mango con su jugo, las peras peladas y troceadas y la vainilla, se mezcla y se hace a fuego lento durante un mínimo de 30 minutos (si la confitura resulta demasiado líquida, puede prolongarse el tiempo).

Se envasa; se dejan enfriar los botes, se cierran herméticamente y se esterilizan durante 20 minutos.

Confitura de naranja y limón

Ingredientes para 3 botes
12 naranjas
3 limones
1,5 l de agua por litro de fruta
azúcar

Preparación: *30 minutos + el tiempo de maceración*
Cocinado: *una hora y 40 minutos + el tiempo de reposo*

Se pesan las naranjas y los limones, se cortan en rodajas finas y se eliminan las puntas y las pepitas.

En un recipiente adecuado, se dejan en maceración, con 1,5 l de agua por litro de fruta, durante 12 horas.

Transcurrido este tiempo, se traslada el preparado a una cacerola y se hierve durante 35 minutos. Después, se deja en reposo 24 horas.

A continuación, se vuelve a pesar y se dispone en una cacerola con su peso en azúcar; se hierve a fuego vivo durante una hora.

Cuando la piel de la fruta se vea transparente y el líquido gelatinoso, se retira del fuego y se envasa. Finalmente, se dejan los botes en posición invertida durante 24 horas.

Confitura de pistacho con miel de tomillo

Ingredientes para 2 botes
800 g de pistachos verdes
200 g de pistachos secos sin cáscara
500 g de miel de tomillo
1 vaso de vino blanco dulce

Preparación: *10 minutos*
Cocinado: *20 minutos*

Se ponen los pistachos verdes en una cacerola pequeña, se cubren con el vino blanco y se deja que hierva lentamente hasta que el vino se haya evaporado.

Se incorpora la miel y los pistachos secos y se mezcla todo bien. Se hace al baño María hasta que la miel recubra los pistachos, pero sin que lleguen a caramelizar.

Se vierte el compuesto en los tarros y se deja que enfríen antes de cerrarlos herméticamente.

Para una larga conservación, se esterilizan los tarros al baño María durante 20 minutos.

Conserva de ciruela, pasa y ron

Ingredientes para 3 botes
1,8 kg de ciruelas cortadas por la mitad
180 g de pasas
120 g de almendras picadas
4 cucharadas de ron
1 kg de azúcar

Preparación: *30 minutos*
Cocinado: *30 minutos*

En una cacerola grande, se hacen lentamente las ciruelas deshuesadas junto con las pasas. Se añade el azúcar y se remueve bien para que se disuelva.

Se sube la llama y se deja a fuego vivo hasta que espese.

Se retira del fuego, se agregan las almendras y el ron y se mezclan cuidadosamente todos los ingredientes. Se envasa; se cierran los botes herméticamente y se esterilizan.

Conserva de piña y pera

Ingredientes para un bote y medio
1 kg de peras en rodajas
250 ml de agua
1 piña cortada en dados
450 g de azúcar

Preparación: *20 minutos*
Cocinado: *50 minutos*

En una cacerola grande, se lleva a ebullición el agua con las peras y el azúcar; se añade la piña y se hace todo a fuego lento durante 45 minutos.

Se vierte el preparado todavía caliente en los tarros y se cierran, teniendo la precaución de limpiar antes los bordes con un trapo. Se esterilizan los botes durante 15 minutos.

Dulce de membrillo

Ingredientes para 3 moldes
2 kg de membrillos
agua acidulada
la corteza y el zumo de un limón
2 cucharadas de agua de azahar
azúcar en grano
2 kg de azúcar

Preparación: *15 minutos*
Cocinado: *40 minutos*

Se pelan los membrillos bien maduros, se cortan en lonchas y se colocan en un recipiente con agua acidulada para que no se ennegrezcan.

Se ponen en una cacerola junto con un vaso de agua y el zumo y la corteza rallada de un limón y se lleva lentamente a ebullición. Se remueve con frecuencia y se apaga el fuego cuando la fruta esté blanda.

Se deja entibiar, se pasa por el cedazo y se pone de nuevo en la cacerola con 2 kg de azúcar. Se remueve, se lleva a ebullición y se deja que se haga hasta que la carne del membrillo haya alcanzado la consistencia deseada.

Se aromatiza con el agua de azahar. Se recubren recipientes de madera o de metal con papel de horno, en cuyo fondo se dispone una capa fina de azúcar en grano. Se vierte el compuesto, se nivela y se deja enfriar.

Se cortan rectángulos o cuadrados, se espolvorean con azúcar y se cubren con una hoja de papel de hornear, procurando que se adhiera bien. Se cierran herméticamente los paquetitos y se conservan en un lugar fresco.

JALEAS

La jalea es una conserva dulce de frutas que se caracteriza por mostrar una apariencia transparente, gelatinosa y brillante y un sabor, un aroma y un color que permiten identificar la fruta con la que se ha elaborado. A diferencia de mermeladas y confituras, en el producto final, para preservar su transparencia, no se incluye la pulpa de la fruta.

La consistencia gelatinosa de la jalea se debe a la presencia de la pectina, glúcido natural que se encuentra en las frutas y es responsable también de que las otras conservas de fruta se espesen. El objetivo durante la elaboración de la jalea consiste en extraer la mayor cantidad posible de pectina mediante el cocinado previo de la pulpa, las semillas y la piel de la fruta. Una vez filtrado el líquido obtenido, se mezcla con azúcar y se cocina durante un tiempo variable, entre 10 y 30 minutos generalmente, según la fruta empleada. Durante este tiempo es necesario espumar continuamente el líquido para eliminar las partículas que pueden enturbiar la jalea. Finalizado el tiempo de cocinado, se deja reposar, de manera que al enfriarse la mezcla adquiere consistencia gelatinosa.

Las frutas más adecuadas para la preparación de jaleas son aquellas que de forma natural disponen de mayor concentración de pectina y que, al mismo tiempo, son suficientemente ácidas, ya que la presencia de ácido favorece la acción de la pectina en todo el proceso. Entre estas se encuentran las grosellas, las manzanas, los pomelos, los limones, las naranjas y los membrillos. No obstante, también es posible preparar jaleas con otras frutas, pero deberá añadirse zumo de limón para corregir la falta de acidez, por ejemplo, incorporar pectina en polvo, obtenida de manera industrial, o zumo de fruta rica en pectina, como los de manzana o grosella, si hiciera falta.

El grado de pectina presente en la fruta determina también la cantidad de azúcar que podrá incorporarse durante la elaboración. Aunque no existe una regla precisa, de modo empírico se ha llegado a la conclusión de que a mayor cantidad de pectina, también podrá ser mayor la cantidad de azúcar y, por el contrario, las frutas con menor contenido en pectina requieren una menor cantidad de azúcar.

Las jaleas pueden consumirse del mismo modo que las mermeladas y las confituras, y también se utilizan para glasear productos de pastelería o acompañar platos de carne, especialmente aquellas jaleas elaboradas con hierbas aromáticas.

Jalea de arándano

Ingredientes para un bote y medio
1,5 kg de arándanos
agua
azúcar

Preparación: *20 minutos*
Cocinado: *30 minutos*

Una vez limpios los arándanos, se disponen en una cacerola con un poco de agua. Se tapa y se deja que se hagan a fuego lento hasta que estén muy blandos.

A continuación, se cuela sin aplastar la fruta para que quede un líquido claro.

En un recipiente al fuego, se hierve el líquido, se espuma y se añaden 500 g de azúcar por 450 ml de zumo. Transcurridos 20 minutos o hasta que adquiera la textura de jalea, se retira del fuego y se envasa.

Jalea de frambuesa

Ingredientes para 2 botes
0,5 kg de manzanas
1 kg de frambuesas
500 ml de agua
el zumo de un limón
azúcar

Preparación: *15 minutos*
Cocinado: *35 minutos + el tiempo de filtrado*

Se parten las manzanas, se retiran las pepitas y los corazones y se reservan estos últimos.

Se trocea la pulpa y se tritura junto con las frambuesas.

En una cacerola al fuego, se dispone el agua, los corazones de las manzanas y la fruta triturada. Se hace todo a fuego lento unos 30 minutos o hasta que la fruta esté blanda.

Se pone a escurrir, sin apretar, durante 2 o 3 horas.

A continuación, se mide el líquido obtenido y se añaden 500 g de azúcar por cada 500 ml de zumo. Se mezcla bien y se lleva a ebullición junto con el zumo del limón.

Debe hervir durante 10 minutos o hasta que llegue al punto justo, retirando la espuma que haga con una espumadera. Finalmente, se separa del fuego y, todavía caliente, se envasa.

Jalea de menta

Ingredientes para un bote
*750 ml de agua
6 ramitas de menta
el zumo de 2 limones
1 kg de azúcar*

Preparación: *10 minutos*
Cocinado: *30 minutos*

Se lleva a ebullición el agua con la menta triturada. Se hierve 3 minutos y se añade el zumo filtrado de los limones.

Se deja enfriar, se añade el azúcar, se remueve y se sube el fuego para que hierva a borbotones durante 15 minutos.

Se envasa al momento, se cierra herméticamente y se esteriliza durante 10 minutos.

Jalea de mora y especias

Ingredientes para 2 botes
1,5 kg de moras
300 ml de agua
1/4 de cucharada de nuez moscada en polvo
1/4 de cucharada de canela en polvo
clavo en polvo
el zumo de 2 limones
azúcar

Preparación: *15 minutos*
Cocinado: *40 minutos*

En una cacerola, se disponen las moras, el agua y las especias.

Se lleva a ebullición y, removiendo y aplastando la fruta, se deja que se haga a fuego lento durante 30 minutos.

Transcurrido este tiempo, se retira del fuego, se filtra y por cada 600 ml de zumo obtenido se añaden 500 g de azúcar.

Una vez bien mezclado, se dispone en la cacerola, se añade el zumo de los limones y se deja que se haga a fuego lento hasta que llegue al punto adecuado. Finalmente, se envasa.

Jalea de grosella

Ingredientes para un bote y medio
2 kg de grosellas
azúcar

Preparación: *30 minutos*
Cocinado: *15 minutos*

Se lavan las grosellas y se dejan secar en un trapo limpio. Se desgranan, se disponen en una cacerola de acero inoxidable, se aplastan los granos con las manos y se deja que fermenten un par de días en un lugar templado.

Se pasa por el cedazo, se recoge el zumo y se pesa. Se introduce nuevamente en la cacerola y se añade una cantidad de azúcar equivalente al doble del peso del líquido; se lleva lentamente a ebullición, sin dejar de remover.

Se espuma y se deja en el fuego unos minutos más.

A continuación, se envasa; se dejan enfriar los botes, se cierran herméticamente y se esterilizan.

Jalea de ciruela roja

Ingredientes para un bote
1 kg de ciruelas
1 cucharadita de extracto de almendras
1 cucharada de licor de ciruela
azúcar

Preparación: *10 minutos*
Cocinado: *60 minutos + el tiempo de filtrado*

Se disponen las ciruelas enteras en una cacerola junto con el extracto de almendras y se hace todo a fuego lento hasta que la fruta esté blanda.

A continuación, se deja que filtre con una tela fina durante 2 o 3 horas.

Transcurrido este tiempo, se mide el zumo obtenido y, por cada 500 ml, se añade 500 g de azúcar y se remueve bien.

En una cacerola limpia, se hace la mezcla hasta que el azúcar quede completamente disuelto, se deja que hierva un poco más, se retira la espuma que se haya formado y, a fuego vivo, se prosigue hasta llegar al punto adecuado.

Finalmente, se aparta del fuego, se deja en reposo durante unos 5 minutos y se añade el licor de ciruela. La jalea está lista para envasarse.

Jalea de té

Ingredientes para 2 botes
2 cucharadas y media de té
900 ml de agua
1 cucharada de semillas de cardamomo
1 cucharadita de semillas de anís
la corteza de un limón
500 g de azúcar gelificante

Preparación: *5 minutos*
Cocinado: *un minuto + el tiempo de reposo*

En un recipiente adecuado, se dispone el té, se cubre con agua hirviendo y se añaden las semillas de cardamomo y las de anís.

Se deja en reposo durante 5 minutos y se cuela.

A continuación, se incorpora la corteza del limón previamente cortada en tiritas finas y el azúcar gelificante.

Se lleva al fuego, se deja hervir durante un minuto e inmediatamente se vierte en frascos de vidrio esterilizados.

Jalea de guayaba

Ingredientes para 2 botes
1 kg de guayabas
1 lima
1,5 litros de agua
azúcar

Preparación: *15 minutos*
Cocinado: *50-60 minutos + el tiempo de filtrado*

Una vez troceadas las guayabas y las limas, se disponen en una cacerola adecuada, se cubren con agua y se llevan a ebullición durante unos 30 minutos o hasta que la fruta esté blanda.

Llegado este punto, se filtra la pasta obtenida a través de una tela fina durante 2 o 3 horas.

Transcurrido este tiempo, se mide el líquido recogido y se le añaden 325 g de azúcar por cada 500 ml. Se mezcla, se lleva al fuego y, cuando empieza a hervir, se espuma. A continuación, se sigue haciendo durante unos 15 minutos más o hasta conseguir la consistencia deseada. Se retira del fuego y se envasa.

Jalea de guinda al vino

Ingredientes para un bote
500 ml de zumo de guindas
250 ml de vino
1 trocito de canela
2 clavos de olor
1 kg de azúcar

Preparación: *20 minutos*
Cocinado: *30 minutos*

En una cacerola de acero inoxidable, se incorpora el zumo, el azúcar y las especias.

Se lleva a ebullición y se hace durante 2 minutos. Se añade el vino y se sigue a fuego fuerte otros 15-20 minutos más.

Se envasa; se cierra el bote herméticamente y se esteriliza durante 10 minutos.

Jalea de rosa

Ingredientes para 2 botes
15 rosas
250 g de vino tinto
750 ml de agua
el zumo de 4 limones
jengibre fresco
1 g de pectina
1 kg de azúcar

Preparación: *30 minutos + el tiempo de reposo*
Cocinado: *10 minutos*

Se lavan cuidadosamente los pétalos de rosa con agua fría, se dejan escurrir y se acomodan en una fuente. A continuación, se añade el vino, el agua, el zumo de los limones y unas láminas de jengibre, se tapa la fuente y se deja todo en reposo unas 12 horas.

Transcurrido este tiempo, se dispone el preparado en un recipiente y se lleva a ebullición.

Cuando rompe a hervir, se retira del fuego y se cuela.

A continuación, se mezcla el líquido obtenido con el azúcar y la pectina y se hierve durante 4 minutos más, removiendo siempre.

Finalmente, se vierte en botes de conserva.

Jalea de manzana y arándano

Ingredientes para 3 botes
1,4 kg de arándanos
1,4 kg de manzanas troceadas
el zumo de 2 limones
azúcar

Preparación: *40 minutos*
Cocinado: *30 minutos*

En una cacerola grande, se colocan los arándanos y las manzanas. Se cubre con muy poca agua y se deja en el fuego hasta que la fruta se ablande.

Con una cuchara de madera, se aplastan los arándanos para que expriman el jugo y se vierte el compuesto en el filtro para jaleas. Se pesa el líquido obtenido: para 600 ml de zumo se necesitan 450 g de azúcar.

En una cacerola grande, se hace a fuego lento el zumo, se añade el de los limones y el azúcar, mezclando hasta que se disuelva.

Se sube la llama a fuego vivo para que la jalea alcance una temperatura de 105 °C. Se aparta del fuego y se espuma.

Se vierte la jalea todavía caliente en los recipientes, que se cierran herméticamente y se esterilizan.

Jalea de manzana y menta

Ingredientes para 2 botes
1 kg de manzanas
1,750 l de agua
la corteza y el zumo de un limón
unos tallos de menta
3 cucharadas de menta triturada
azúcar

Preparación: *15 minutos*
Cocinado: *una hora y 30 minutos + el tiempo de filtrado*

En una cacerola, se disponen las manzanas troceadas, 1,250 l de agua y un ramillete formado con los tallos de menta y la corteza del limón y se lleva todo a ebullición durante 25 minutos o hasta que la fruta esté blanda.

A continuación, se filtra la fruta con una tela muy fina durante unas 3 horas y se reserva el líquido obtenido.

Se retira la pulpa del filtro, se coloca en una cacerola limpia junto con el resto del agua y se deja que se haga a fuego lento durante 20 minutos. Transcurrido este tiempo, se repite la operación de filtrado.

Después de mezclar los zumos obtenidos, se añade 500 g de azúcar por cada 500 ml de líquido, se remueve, se agrega el zumo del limón y se hierve todo durante unos 10 minutos. Una vez disuelto el azúcar, se deja en el fuego otros 10 minutos más o hasta conseguir la consistencia deseada.

Llegado este punto, se retira del fuego, se deja en reposo unos minutos, se añade la menta triturada y se pasa la jalea a los tarros de cristal, esterilizados y calientes.

Jalea de membrillo

Ingredientes para un bote
500 g de membrillos
500 ml de agua
500 g de azúcar

Preparación: *15 minutos*
Cocinado: *60 minutos + el tiempo de filtrado*

En una cacerola adecuada, se disponen los membrillos limpios y troceados, con piel, los corazones y las pepitas envueltos en una gasa y el agua y se deja que se haga a fuego lento hasta que la fruta esté blanda.

Una vez retirada la cacerola del fuego, se filtra el líquido con una tela fina durante 12 horas, se mide la cantidad de zumo obtenida, se le añade la misma cantidad en azúcar y se mezcla.

Se lleva la preparación al fuego y se deja hervir hasta que la jalea esté en su punto.

A continuación, se retira del fuego y se distribuye en un tarro esterilizado, que se deja enfriar y se tapa.

Jalea de uva negra

Ingredientes para un bote
1,4 kg de uvas negras
azúcar

Preparación: *15 minutos*
Cocinado: *30 minutos*

Se desgranan las uvas, se introducen en una cacerola y se hacen hasta que suelten todo el jugo. Se filtra el compuesto y se pesa la cantidad de zumo obtenido.

En una cacerola grande, se hierve el jugo a fuego lento durante 10 minutos, se agrega el azúcar (375 g de azúcar por cada 600 ml de jugo) y se remueve hasta que se haya disuelto. Se sube la llama y se hierve a fuego vivo. La jalea debe alcanzar los 105 °C. Se retira del fuego y se espuma.

Se envasa; se cierra el bote herméticamente y se esteriliza.

Jalea de piña y naranja

Ingredientes para 2 botes
500 g de piña sin corteza
500 g de manzanas troceadas
2 naranjas troceadas
1,5 l de agua
azúcar

Preparación: *30 minutos*
Cocinado: *una hora y 30 minutos + el tiempo de filtrado*

En una cacerola al fuego, se dispone la piña, las manzanas, las naranjas y el agua y se lleva a ebullición todo durante aproximadamente 30 minutos o hasta que la fruta esté blanda.

Llegado este punto, se filtra la fruta, durante 2 o 3 horas, con una tela fina. Se reserva el líquido y se lleva la pulpa nuevamente al fuego procurando que quede cubierta de agua. Se deja a fuego lento durante 30 minutos; a continuación, se repite el proceso de filtrado y se mezclan los dos líquidos obtenidos.

A continuación, se mide la cantidad de zumo y se añaden 500 g de azúcar por cada 500 ml de líquido. Se lleva la mezcla al fuego y se remueve hasta que el azúcar esté disuelto. Cuando empieza a hervir, se espuma y se prosigue a fuego vivo durante unos 15 minutos o hasta que presente la consistencia deseada.

Finalmente, se aparta del fuego, se deja reposar unos minutos y se envasa.

Jalea de granada

Ingredientes para un bote
1 l de zumo de pomelo
1 taza de granos de granada
1 ramita y hojas de melisa
azúcar

Preparación: *20 minutos*
Cocinado: *10 minutos*

En una cacerola, se vierte el zumo de pomelo recién exprimido, los granos de granada y las hojas (troceadas con los dedos) y la ramita de melisa.

Se pesa, se añade el mismo peso en azúcar; se remueve, se lleva a ebullición y se deja en el fuego durante 5 minutos.

Se envasa y se esteriliza el tarro durante 10 minutos.

Jalea de grosella y frambuesa

Ingredientes para un bote
750 g de grosellas
150 g de frambuesas
250 ml de agua
750 g de azúcar

Preparación: *30 minutos*
Cocinado: *60 minutos*

En primer lugar, se limpia bien la fruta y se reserva. A continuación, se elabora un almíbar a fuego lento con el azúcar y el agua.

Una vez preparado, se añade la fruta y se hace a fuego vivo durante unos 40 minutos. Se retira del fuego y se filtra con una tela fina, sin prensar la fruta para no alterar la transparencia de la jalea.

Finalmente, se llena el tarro con el líquido obtenido, se deja enfriar y se tapa.

Jalea de naranja

Ingredientes para un bote
1 kg de naranjas de zumo
500 g de azúcar refinado

Preparación: *20 minutos*
Cocinado: *una hora*

Se exprime el zumo de las naranjas y se pasa por el colador. Se pesa y se añade una cantidad igual de azúcar.

Se vierte todo en una cacerola y se pone al fuego con poca llama. Se deja que se haga durante una hora aproximadamente, removiendo continuamente.

Se envasa y se esteriliza.

Jalea de mandarina

Ingredientes para un bote
1 kg de mandarinas
1 vasito de licor de mandarina
500 g de azúcar

Preparación: *20 minutos*
Cocinado: *una hora*

Se exprime el zumo de las mandarinas y se pasa por el colador.

Se pesa y se añade una cantidad igual de azúcar. Se vierte todo en una cacerola y se pone al fuego con poca llama. Se deja que se haga durante una hora más o menos, removiendo continuamente. Se añade el licor y se mezcla todo bien.

Se envasa y se esteriliza.

Jalea de manzana y naranja

Ingredientes para un bote y medio
750 g de manzanas reinetas
2 naranjas
750 ml de agua
azúcar

Preparación: *25 minutos*
Cocinado: *2 horas + el tiempo de filtrado*

Se lavan y se trocean las manzanas sin eliminar ni la piel ni los corazones y, en una cacerola adecuada, se hacen a fuego lento, junto con el agua, hasta que se ablanden.

A continuación, se ponen a filtrar en una tela fina durante 12 horas.

Transcurrido este tiempo, se mide la cantidad de líquido obtenido y se añaden 400 g de azúcar por cada 500 ml.

Se lavan las naranjas y se raspa un poco la piel; se cortan en rodajas finas y se disponen en una cacerola junto con el zumo de manzana y el azúcar. Se deja todo a fuego lento durante 60 minutos.

Cuando la jalea esté en su punto, se retiran las rodajas de naranja y se colocan en los tarros, se vierte la jalea y se tapan los botes.

Jalea de manzana con especias

Ingredientes para 3 botes
2,5 kg de manzanas reineta
4 limones
1 ramita de canela
algunos clavos de olor
azúcar

Preparación: *30 minutos*
Cocinado: *40 minutos*

Se lavan los limones, se secan bien, se pelan y se cortan en rodajas, quitándoles las pepitas, que se reservan aparte junto con la corteza. Se lavan también las manzanas y se cortan en gajos; se eliminan los corazones y las pepitas y se ponen junto con los desechos de los limones en una bolsita de gasa.

A continuación, se colocan en una cacerola las manzanas, los limones, la bolsita de gasa y las especias y se cubre todo con agua. Se deja que se haga en el fuego hasta que la pulpa de las manzanas se haya deshecho completamente. Se retira la bolsita y se vierte todo en un trapo de lino blanco dispuesto sobre una cazuela de barro. Se deja filtrar toda una noche.

Se pesa el líquido obtenido y se añade la misma cantidad de azúcar. Se pone en una cacerola y se hace a fuego lento, removiendo hasta que empiece a hervir. Se sube la llama y se deja 15-20 minutos más. Se envasa el preparado.

Jalea de membrillo y manzana

Ingredientes para un bote y medio
250 g de membrillos
250 g de manzanas
500 ml de agua
azúcar

Preparación: *30 minutos*
Cocinado: *60 minutos + el tiempo de filtrado*

Se lavan bien los membrillos, se elimina la pelusa y, sin pelarlos, se trocean, reservando el corazón y las pepitas.

A continuación, se lavan las manzanas y se trocean.

En una cacerola, se disponen los membrillos, las manzanas, los corazones y las pepitas de los primeros envueltos en una gasa y el agua; se hace todo durante unos 15 minutos o hasta que la fruta esté blanda.

Después, se filtra la pulpa, sin prensarla, con una tela muy fina, durante 12 horas. Se mide el líquido obtenido y se le añade la misma cantidad de azúcar. Se dispone esta mezcla en una cacerola y se hace a fuego vivo hasta obtener la textura deseada.

Llegado este punto, se retira del fuego y se vierte en los tarros, que se dejan enfriar y se tapan.

Jalea de hierbas aromáticas

Ingredientes para 2 botes
1,4 kg de manzanas troceadas
1,4 l de agua
300 ml de vinagre blanco
30 g de menta, estragón, perejil o albahaca triturada
azúcar

Preparación: *30 minutos*
Cocinado: *30 minutos*

En una cacerola, se hacen a fuego lento las manzanas con el agua y el vinagre hasta que se ablanden. Se vierte todo en un filtro para jalea y se pesa el líquido obtenido.

En otra cacerola, se cuece a fuego lento el jugo y se añaden 450 g de azúcar por cada 600 ml de jugo; se remueve para que se disuelva bien. Se hace a fuego vivo durante 10-15 minutos: la jalea debe alcanzar los 105 °C.

Se retira del fuego y se agregan las hierbas aromáticas trituradas y bien mezcladas. Se espuma.

Se vierte la jalea todavía caliente en los tarros y, después de haber limpiado los bordes con un trapo húmedo, se cierran y se esterilizan.

Vocabulario

Aerómetro: instrumento utilizado para medir la densidad de los líquidos. Aquel que se destina específicamente a los almíbares se denomina pesajarabes *(véase)*.

Alimento ácido: aquel que tiene un pH bajo. Muchas frutas contienen ácidos orgánicos de manera natural: los cítricos, ácido cítrico; los arándanos y las ciruelas verdes, ácido benzoico, o los frutos del fresno, ácido sórbico, por ejemplo. Estos ácidos tienen funciones antisépticas que ayudan a conservar la fruta.

Almíbar: disolución de agua y azúcar. Se distinguen dos tipos: almíbar ligero (250 g de azúcar por 500 ml de agua) y almíbar mediano (250 ml de azúcar por 250 ml de agua). Al poner el almíbar al fuego, se obtienen jarabes con distintos grados de concentración (*véase* puntos de almíbar).

Antiséptico: sustancia que destruye o evita el crecimiento de microorganismos, con lo que se evita de este modo la putrefacción.

Baño María: forma de esterilizar los alimentos, contenidos en un recipiente y sumergidos en otro de mayor tamaño con agua hirviendo.

Cristalizar: endurecimiento de una mermelada, confitura o almíbar por exceso de cocinado.

Envasar: introducir en recipientes cerrados alimentos sólidos o líquidos.

Escaldar: técnica culinaria que consiste en sumergir en agua hirviendo las frutas durante unos segundos con el objetivo de ablandarlas o pelarlas mejor.

Especia: sustancia aromática que se utiliza para condimentar alimentos.

Espumar: retirar las impurezas que se forman durante el cocinado y que han ascendido a la superficie y han formado una espuma.

Esterilización: procedimiento que se utiliza para eliminar, por medio del calor, los microorganismos causantes de la alteración de los alimentos.

Gelificar: conseguir que jaleas y mermeladas espesen de forma adecuada.

Grados Brix: unidad de medida de la concentración de azúcares en un líquido. El valor corresponde al número de gramos por cada 100 g de líquido. Puede medirse con un aerómetro especialmente graduado (*véase* pesajarabes), si bien en la industria alimentaria se utiliza preferentemente el refractómetro, que comprueba la desviación que sufre la luz al atravesar una solución azucarada.

Macerar: ablandar un alimento con azúcar para extraer su jugo.

Microorganismos: seres vivos de dimensiones tan reducidas que sólo pueden verse al microscopio. Entre estos se cuentan: virus, algas, levaduras, bacterias y hongos. Aunque algunos de ellos se consideran beneficiosos, otros pueden causar deterioro de los alimentos o producir toxinas, con grave riesgo para la salud. Para evitar su proliferación, deben esterilizarse los productos destinados a la conservación.

Pesajarabes: instrumento que permite valorar la concentración de los almíbares midiendo por flotación su densidad. El resultado se expresa en grados Brix *(véase)*.

Puntos de almíbar: escala de grados de densidad en el cocinado del azúcar con el agua. Se distinguen estas categorías: jarabe o sirope (100 °C), punto de hebra (103 °C), perla (105-110 °C), bola blanda (110-115 °C), bola dura (116-119 °C), quebrado blando (122-126 °C), quebrado duro (130-145 °C) y caramelo (150-180 °C), que puede ser claro u oscuro.

Tamiz de tela: filtro formado con una tela de trama fina que deja pasar el líquido y retiene la pulpa.

Termómetro de confitero: instrumento de precisión empleado para medir la temperatura de los almíbares y el punto que han alcanzado.

Toxina: sustancia tóxica o venenosa producida por las bacterias o los hongos patógenos.

ÍNDICE DE RECETAS

C

Confitura de cabello de ángel, 125
Confitura de calabacín, 99
Confitura de calabaza aromatizada con azahar, 118
Confitura de calabaza con higo seco, 113
Confitura de caqui y albaricoque seco, 117
Confitura de castaña a la vainilla, 112
Confitura de ciruela claudia con manzana, 98
Confitura de ciruela damascena, 94
Confitura de flores, 91
Confitura de frambuesa, 101
Confitura de fresa, 97
Confitura de fresa y naranja, 92
Confitura de fresa silvestre, 89
Confitura de fruta variada, 124
Confitura de frutos rojos, 100
Confitura de higo, 110
Confitura de kiwi y uva, 115
Confitura de leche, 122
Confitura de limón, 119
Confitura de limón, sandía y naranja, 158
Confitura de mango, 126
Confitura de manzana, 105
Confitura de melón, 90
Confitura de melón y frambuesa, 114
Confitura de melón, jengibre y limón, 104
Confitura de mora, 123
Confitura de naranja amarga, 107
Confitura de naranja y limón, 127
Confitura de piña y pomelo, 120
Confitura de pistacho con miel de tomillo, 128
Confitura de rosa, 108
Confitura de ruibarbo, 111
Confitura de sandía y melón, 93
Confitura de tomate verde, 103
Confitura de tomate y zanahoria, 116
Confitura de uva blanca, 106
Confitura de uva negra con pera, 96
Confitura de violeta, 109
Confitura de zanahoria, 121
Confitura de zanahoria y pera, 95
Conserva de ciruela, pasa y ron, 129
Conserva de piña y pera, 130

D

Dulce de membrillo, 131

J

Jalea de arándano, 133
Jalea de ciruela roja, 138
Jalea de frambuesa, 134
Jalea de granada, 148
Jalea de grosella, 137
Jalea de grosella y frambuesa, 149
Jalea de guayaba, 140
Jalea de guinda al vino, 141
Jalea de hierbas aromáticas, 155
Jalea de mandarina, 151
Jalea de manzana y arándano, 143

Jalea de manzana con especias, 153
Jalea de manzana y menta, 144
Jalea de manzana y naranja, 152
Jalea de membrillo, 145
Jalea de membrillo y manzana, 154
Jalea de menta, 135
Jalea de mora y especias, 136
Jalea de naranja, 150
Jalea de piña y naranja, 147
Jalea de rosa, 142
Jalea de té, 139
Jalea de uva negra, 146

M

Mermelada de albaricoque con almendras, 26
Mermelada de albaricoque y plátano, 25
Mermelada de albaricoque a la vainilla, 27
Mermelada de alquequenje, 71
Mermelada de arándano, 59
Mermelada de arándano con avellana y coco, 33
Mermelada de berenjena, 58
Mermelada de caqui, manzana y pera, 70
Mermelada de cereza y grosella, 54
Mermelada de cereza e higo, 50
Mermelada de cereza, melón y mango, 43
Mermelada de cereza y pomelo rosa, 47
Mermelada de ciruela, 49
Mermelada de ciruela claudia, 53
Mermelada de ciruela claudia con tomillo, 61
Mermelada de frambuesa, 31
Mermelada de fresa a la pimienta, 29
Mermelada de frutos del bosque, 34
Mermelada de grosella negra, 57
Mermelada de guayaba, 35
Mermelada de guinda, 36
Mermelada de higo chumbo, 67
Mermelada de higo con galletas almendradas, 64
Mermelada de higo, piñones y cítrico, 69
Mermelada de judías, 56
Mermelada de kiwi, 62
Mermelada de kiwi al licor, 73
Mermelada de madroño, 52
Mermelada de mandarina, 38
Mermelada de mango, 40
Mermelada de mango y pera, 80
Mermelada de manzana al café, 75
Mermelada de manzana al chocolate, 76
Mermelada de manzana al coco, 77
Mermelada de manzana y endrina, 63
Mermelada de manzana y laurel, 74
Mermelada de manzana y mora, 42
Mermelada de manzana y pasas, 78
Mermelada de maracuyá y papaya, 44
Mermelada de melocotón al aroma de lavanda, 45
Mermelada de melocotón con galletas almendradas, 41
Mermelada de membrillo con pistacho y avellana, 79
Mermelada de mora, 37
Mermelada de mora e higo, 46
Mermelada de naranja, 84
Mermelada de naranja y arándano, 60
Mermelada de naranja y piña, 83
Mermelada de naranja y zanahoria, 85
Mermelada de níspero, 55
Mermelada de pepino, 39
Mermelada de pera al caramelo, 81
Mermelada de pera con especias, 32
Mermelada de pera y menta, 30
Mermelada de pera y nuez, 82
Mermelada de pera y vainilla, 48
Mermelada de piña, 51
Mermelada de plátano aromatizada, 87
Mermelada de pomelo, 65
Mermelada de remolacha, 72
Mermelada de sandía, 28
Mermelada de tomate verde e higo, 66
Mermelada a las tres frutas, 86
Mermelada de uva, 68

www.ingramcontent.com/pod-product-compliance
Lightning Source LLC
Chambersburg PA
CBHW080639170426
43200CB00015B/2888